上青天

青岛纺织口述史

青岛市政协文史研究会 ◎ 编

中国海洋大学出版社

· 青岛 ·

图书在版编目（CIP）数据

上青天：青岛纺织口述史 / 青岛市政协文史研究会
编 . -- 青岛：中国海洋大学出版社，2025. 8. -- ISBN
978-7-5670-4296-4

Ⅰ. F426. 81
中国国家版本馆 CIP 数据核字第 2025W0G204 号

出版发行	中国海洋大学出版社			
社　　址	青岛市香港东路 23 号		邮政编码	266071
出 版 人	刘文菁			
网　　址	http://pub.ouc.edu.cn			
订购电话	0532－82032573（传真）			
责任编辑	邵成军　刘怡婕		电　　话	0532－85902533
印　　制	日照日报印务中心			
版　　次	2025 年 8 月第 1 版			
印　　次	2025 年 8 月第 1 次印刷			
成品尺寸	170 mm ×240 mm			
印　　张	12. 5			
字　　数	130 千			
印　　数	1—2 800			
定　　价	59. 00 元			

· 编 委 会 ·

序 PREFACE

中国,作为世界上最早开展纺织生产的国家之一,拥有着源远流长且厚重的纺织历史。从 20 世纪初到中期,中国的纺织工业逐渐形成了上海、青岛、天津三大基地"三足鼎立"的格局,其中青岛的纺织业,凭借其独特的地理优势与产业积淀,成为全国纺织业的重要支柱。青岛华新纱厂,曾是华北地区最大规模的纺纱、织布、印染联合企业,为推动全国纺织工业的发展作出了不可磨灭的贡献,也为青岛的城市发展写下了浓墨重彩的一笔。

青岛的纺织业,素有"母亲工业"之称,它在这座城市的经济、文化和社会发展中占据着举足轻重的地位。对于老一辈的青岛人来说,纺织厂不仅仅是谋生的场所,它更是城市生活的象征,尤其在计划经济时代,能够在纺织厂工作,意味着有稳定的工作和收入,也象征着一种荣耀与尊严。青岛的纺织工业,早已深深嵌入这座城市的文化血脉,推动着当地经济的繁荣,也塑造了市民的生活方式和集体记忆。那一代纺织工人们的奋斗与奉献，构成了青岛人精神与文化的基石，成为这座城市永不褪色的印记。

本书聚焦于青岛纺织业在"上青天"格局中的重要地位，以口述史的形式，呈现了多位曾在及仍在青岛纺织领域工作的社会影响力人物的亲身经历。这些宝贵的历史片段，横向勾画了青岛纺织业对中国纺织工业发展的深远影响，纵向深入探讨了青岛纺织工人们的工作与生活，生动地再现了他们爱厂护厂、艰苦奋斗、勇于拼搏的精神风貌。

作为一部具有历史存档价值的资料性编著，本书不仅为我们了解青岛纺织业的辉煌历程提供了宝贵的第一手资料，更是一本能惠及当代、教育后代的活教材。它不仅让我们回望过去，也为未来的纺织行业发展提供了重要的历史与文化参考。

然而，由于时间紧迫、内容庞杂，本书在编纂过程中难免存在一些疏漏与不完善之处。敬请各界读者给予宝贵的意见与指正，我们将虚心接受，并努力完善，以更好地传承这段值得铭记的历史。

编委会

2024 年 10 月 20 日

目 录
CONTENTS

青岛纺织发展历程概述 / 1

爱国实业家陈孟元 / 31

青岛纺织工人的抗战历史记忆 / 42

陈少敏与青岛纺织的故事 / 48

范澄川在青岛 / 69

中纺四厂护厂护校纪实 / 77

青岛解放后的各棉纺厂 / 79

郝建秀小组的故事 / 81

郝建秀小组综述 / 93

"郝建秀工作法"综述 / 97

"红五月"劳动竞赛 / 101

纺织厂的业余文化生活 / 103

李沧区老棉纺织厂的文化故事 / 105

我们的纺织记忆 / 110

纺织与雕刻 / 114

纺织谷的故事 / 119

赞比亚的青岛纺织故事 / 129

扎根青岛的"即发"纺织 / 138

百年造就的"中国绳王" / 148

上青天——青岛纺织大事记 / 157

青岛纺织生活老照片 / 181

后记 / 189

青岛纺织发展历程概述 |

编委会

一、引言

青岛纺织业，作为青岛市的"母亲工业"，在青岛的经济、文化与社会发展中占据了极其重要的地位。对于老一辈青岛人来说，纺织厂是城市生活的象征，尤其在计划经济时代，在纺织厂工作不仅是谋生手段，更是一种荣耀。青岛纺织工业的历史积淀已深深融入这座城市的文化血脉，不仅推动了当地经济的发展，也塑造了人们的生活方式和集体记忆。纺织工业的辉煌、抗争与成长，早已成为青岛市民的文化编码。

青岛纺织工业的故事可以追溯到1902年，当时德国柏林纺织公司在沧口地区创办了青岛第一家纺织工业企业——德华缫丝厂。从那时起，青岛这座城市，除了港口，就和纺织工业紧密联系在一起。尽管历史长镜头下的青岛纺织业在不同历史阶段面临诸多挑战，但其底色始终是坚韧与创新。纺织工业不仅推动了青岛自身的城市化进程，青岛纺织企业的崛起对全国也产生了深远影响，日渐成为中国纺织业的标杆。因此，研究青岛纺织的发展历程，对了解青岛具有重要意义，同时也能为研究中国纺织工业的整体发展提供历史背景。中国作为全球纺织业的重要出口大国，纺织工业自古以来便在世界舞台上占据了重要地位。从古代的"丝绸之路"到今天的"丝绸之路经济带"，纺织品一直是中国最重要的出口产品之一。20世纪20年代到80年代，中国纺织业有着"上青天"的美誉，即上海、青岛和天津作为中国三大纺织工业基地的简称。青岛纺织业的发展不仅影响了本地经济，还为整个国家的纺织品出口和创汇作出了巨大贡献。

青岛纺织工业的兴起首先得益于优越的地理条件和自然资源。青岛坐拥胶州湾，水陆交通便利，为纺织业提供了交通运输基础。丘陵平原的地形、适宜的气候条件以及广阔的棉花产区，使得山东成为优质棉纺织品的生产中心。加上胶济铁路的开通、海铁联运的快速发展、各类资本和人口劳动力的集聚，这些条件推动了青岛纺织业的快速发展，并使其奏响了"上青天"的工业赞歌的序曲。1956年，青岛的纺织工业总产值已达4.53亿元，利润近5 000万元，生产能力位居全国第三，成为新中国成立后工业经济的中坚力量。纺织业的繁荣也促进了其社会和文化的多元化发展。在这个过程中，青岛纺织业逐步从传统的劳动密集型产业，转向更加现代化、机械化的生产方式，融入了全球纺织产业链。

研究青岛纺织业的发展历程，不仅有助于理解这座城市的历史与经济发展,还可以为中国纺织工业未来的创新与升级提供借鉴。青岛纺织业自19世纪末萌芽以来,历经百年风雨,在时代的变迁中不断转型升级。从计划经济到市场经济,可以说,青岛纺织业是青岛工业发展的缩影,是中国纺织、中国近现代史和中国工业革命的缩影,是中国工业现代化进程中不可忽视的重要篇章。旧社会工人群体对压迫的抗争和对生活不屈的渴望与坚韧,都化作历史财富,让"母亲工业"四个字深深烙印在这座中国近现代纺织业的发祥地之一的城市肌理中,市区里遗留下的老厂区,成为为数不多可以怀念过去辉煌年代的"伊甸园"。青岛纺织业,与英国老牌工业城市曼彻斯特的棉纺织业类似,也是通过纺织帮助城市积累财富,塑造了这座城市的底色。本文将从青岛纺织业的起源出发,探讨其在各个历史时期的发展与转型,以及未来的发展方向。通过对青岛纺织厂发展历程的研究,可以更好地理解中国纺织业的宏观图景,并为中国纺织业在全球化时代的创新与可持续发展提供历史借鉴。

二、青岛纺织业的兴起与早期发展

1. 清末民初的纺织业萌芽

山东素有"齐鲁千亩桑、百里棉"之说。光绪二十九年(1903年),山东巡抚周馥奏请设立山东农事实验场,向农民传授养蚕植桑技术,这是山东设立时间最早、规模最大的农业实验机构。青岛纺织工业的萌芽,要追溯到清末民初时期。早期的纺织行业主要依赖手工制作，家庭式作坊和小型染坊是纺织生产的主要形式。胡存约的《海云堂随记》记载，1897年，"商董首事集议本口禀县商铺数目。除新近由即墨、平度、金口、海阳来此赁屋暂营者六家外，计车马、旅店七，烘炉一，成衣、估衣、雉发三，油坊、磨坊、染坊六，杂货、竹蔑、瓷器店铺五，药铺二，当铺一，织网、麻、草、油篓木材八，肉鱼盐铺行六，鞋帽、皮货各一，纱布绸店、洋广杂货店三，酒馆、饭铺九，酱园、豆腐坊各一，糕店茶食三，计六十五家"。如果将"赁屋暂营"的那6家店铺计入，当时青岛已有71家店铺，其中有6家染坊，生产纱、布等基本纺织品。虽然这些作坊依然保持传统的手工生产方式，但已经为现代纺织工业的引入打下了基础。

德国侵占青岛后，德商利用先进的机械技术，将传统手工纺织逐步转向现代化的机器生产。青岛作为当时新兴的港口城市，因其独特的地理位置和便利的交通条件，成为工商业发展的重要据点。海运、陆运交汇的青岛，使得货物能够迅速流通，带动了纺织业的初步繁荣。德华缫丝厂便是其中的代表。1902年，德国柏林纺织公司在沧口设立了青岛首家机器缫丝企业——德华缫丝厂，标志着青岛纺织业迈入机械化生产时代。

2. 近现代纺织厂的建立

20世纪初，青岛开始进入真正的现代纺织工业发展时期。德国租借青岛后，青岛成为连接山东内陆与海外的重要港口城市。尤其是胶济铁路的修建,使青岛迅速成为山东棉花的重要出口通道。山东省不仅拥有丰富的煤炭资源,还是中国重要的棉花产区,为青岛纺织业提供了丰富的原材料。当时山东省人口数量充足,提供了大量劳动力和消费市场。综合所有生产要素,使得青岛纺织成本低、出口利润高。《胶澳地区发展备忘录》在 1906 年曾记载:"引入丝绸工业具有特殊的国民经济上的意义。"

1902 年,德华缫丝厂创立,虽然因各种原因未能长久,但其为青岛后续纺织工业的兴起起到了开创性作用。1913 年,曾两任北洋政府财政总长、北方实业领袖周学熙,买下了德华缫丝厂的厂址,筹建了华新纺织股份有限公司,并筹办青岛华新纱厂。然而,第一次世界大战的爆发使得华新纱厂的建设进程被迫延后。日本在战后"接管"青岛,并开始加大对青岛经济的侵略,首先就是兴办纺织工厂。1916 年,日本资本进入青岛,开始在青岛创办内外棉纱厂,这成为青岛第一家开工的纱厂。同一时期,华新纱厂经过多年的筹备,终于在 1919 年投入生产。自此,青岛纺织业进入了快速发展的时期,民族资本与外资企业的共同作用使得青岛成为中国纺织工业的重要基地。

1916 年至 1936 年,日本于青岛相继建立了 9 家大型纱厂。这些纱厂大多集中在胶济铁路沿线,至 1923 年,先后建立内外棉纱厂(青岛国棉二厂前身)、大康纱厂(青岛国棉一厂前身)、宝来纱厂(青岛国棉九厂前身)、富士纱厂(青岛国棉七厂前身)、隆兴纱厂(青岛国棉三厂前身)、钟渊纱厂(青岛国棉六厂前身)等大型纱厂以及铃木丝厂;1934 年至 1936 年,在沧口先后建立丰田纱厂（青岛国棉四厂前身）、上海纱厂（青岛国棉五厂前身）和同兴纱厂（青岛国棉八厂前身）。这些纱厂为青岛的纺织业奠定了坚实的工业基础，在新中国成立后，改名成为青岛九大国棉厂，是中国现代纺织工业发展的重要组成部分。

3. 战乱阴云笼罩下的发展与困境

青岛纺织业的发展并非一帆风顺，战争与动荡为其带来了严峻的挑战。第一次世界大战期间，日英联军进攻青岛，开始瓜分青岛产业资源。英军占据了青岛德华缫丝厂的旧址当作其临时兵营和物资存放仓库。1916年，经北洋政府同意，英法两国计划从中国招募15万名劳工以补充因战争损失的劳动力。因为被英国占据的德华缫丝厂距火车站不足千米，交通便利，同年10月，英国在德华缫丝厂设立招工局，沿胶济铁路线设立招工处，将在济南、周村和青州等地的工人召集于青岛，培训后从青岛港乘船运往法国。通过此次山东华工西行，不少有志青年接触到了共产主义。例如，颜世彬、王清泰等人在巴黎积极投身革命，不久加入中国共产党；后来回到青岛，成为青岛工人运动的先锋。

第一次世界大战结束后，青岛的纺织行业经历了短暂的繁荣，但随着战后经济的萧条，许多纺织厂陷入经营困境。战后日本"接管"青岛后，逐步加大了对青岛经济的掠夺、对民族资本的侵占，其中纺织业成为其重点掠夺的对象。民国九年（1920年）出版的《黄县周刊》称："胶州湾之渔业、青岛之丝业、博山之矿业、东临之棉业,无一不在日人把持之下。"抗日战争期间,青岛纺织业的生产量大幅下滑。由于战时对纺织品的需求增加,许多纺织厂被改造成战时工厂,生产军事物资。工人数量减少,厂房设备受到损毁,整个行业陷入停滞状态。

1937年12月18日,国民政府因无力抗敌,采取"焦土抗战"政策,将当时日本人在青岛开办的纺纱厂和瑞丰染厂等企业全部炸毁。日本在1938年第二次占领青岛后,推行"以战养战"政策,不仅从日本运进新式动力纺织机械,着手重建被破坏的纱厂,试图恢复青岛的纺织生产以满足战时需求,还强买了青岛华新纱厂、阳本印染厂、利生铁工厂等民族纺织工厂,垄断了青岛的纺织业的生产、原料市场和产销市场,旨在摧毁中国民族工业。

南京国民政府第二次统治时期,国民党青岛当局收复了日商在青岛开办的各类工厂,但由于国民党官员贪污腐败、中饱私囊,青岛的纺织工业发展缓慢。尤其是在"南迁"失败后,国民政府妄图重现"焦土抗战",企图将青岛的市政建设、企业工厂毁于一旦。当时,2万多名青岛纺织工人投入反"南"迁、反破坏、护厂保厂的革命斗争中。尽管战争给纺织业带来了巨大的破坏,但纺织业依然是战时经济的重要支撑。

4. 中国工运史壮烈的一章

青岛纺织工人不仅是生产的主力军,也是中国工人运动的中坚力量。

20世纪初，随着资本的扩展和工人数量的增加，青岛的工人阶级逐渐觉醒，发起了多次大规模的罢工运动。当时，日商各纱厂普遍采用早6晚6两班倒的工作制，每天工作12小时，劳动条件十分艰苦。日商各纱厂按照青岛当地水平给华工开工资，但是采用日本国内工资标准加补贴的办法给日本员工开工资，普通日本职员薪资相当于中国同级别雇员的2—3倍。随着压榨剥削日益严重，工人们开始反抗斗争。1925年，为反抗日本资本家的剥削，青岛纺织工人发起了三次大规模罢工。4月19日，青岛纺织工人组织发起了第一次同盟大罢工。在中国共产党带领下，大康纱厂、内外棉纱厂、隆兴纱厂、铃木丝厂、钟渊纱厂、富士纱厂的工人相继罢工，坚守了20天后，日本人被迫妥协。5月29日，日军武力镇压青岛日商纱厂工人大罢工，造成"青岛惨案"。5月30日，上海工人游行抗议日本棉纱厂肆意开除及暴力对待工人，结果造成13人死亡，40多人受伤，49人被捕，被称为"五卅惨案"，与前一日"青岛惨案"合称"青沪惨案"。7月23日，大康纱厂、内外棉纱厂和隆兴纱厂联合发表了《罢工宣言》，提出了10条要求。但由于斗争经验不足，加上日本政府及其走狗对工人们进行暴力镇压，后两次罢工均以失败告终。

1929年夏，青岛纺织工人组织发起了第二次同盟大罢工。来自大康、内外棉、隆兴、钟渊、富士、宝来六大纱厂的纺织工人发起了震撼全国的反日同盟大罢工，铃木丝厂、和田木厂、大英烟厂和四方机厂等企业也参加罢工。罢工总人数达到20 000多人，持续4个月之久。最终，日方答应改善管理,并将工人工资每月增加3.5元,这场旷日持久的罢工才宣告结束。

1936年,青岛纺织工人组织发起了第三次同盟大罢工。11月17日,来自大康、内外棉、隆兴、丰田、上海、钟渊、富士、宝来、同兴9个纱厂和铃木丝厂共24 000名纺织工人发动了反日罢工斗争。工运活动频繁发生,使得全国各地掀起了抵制洋货的运动,极大地促进了民族纺织业的发展。

觉醒的工人们不仅要求改善劳动条件,还逐渐意识到通过团结可以争取更多的权益。1937年,抗日战争全面爆发,青岛纺织工人再一次成为抗日力量中的重要组成部分,积极参与反日大罢工和青岛解放前夕的护厂斗争。尽管战争与动荡为行业带来了巨大的困难,但青岛纺织工人始终在困境中展现出坚韧与斗争的精神,不仅为中国民族纺织业的发展争取了空间,也为中国革命积累了宝贵的力量。青岛纺织工人强烈的爱国精神、坚韧的斗争精神、严密的团队精神、无私的奉献精神、积极的进取精神,直到今天也是青岛纺织精神的核心所在。

三、新中国成立后的纺织厂发展

新中国成立后的青岛纺织业经历了从战乱创伤中重建,到民主改革、国有化,再到技术创新、不断发展,成为推动青岛经济复苏和城市化建设的重要支柱产业。这段历史不仅展现了青岛纺织业在国内外动荡环境中的顽强生命力,也记录了新中国工业体系构建和经济复兴的奋斗历程。

1. 重建与复兴

新中国成立前，鼎盛时期的青岛纺织厂雇用了将近 10 万名工人，而当时青岛的总人口只有 80 万，几乎每 8 个青岛人中就有一人在纺织行业工作。《青岛纺织史》记载，1949 年，青岛纺织业产值占青岛总产值的 75.9％。当时谚语流传"织机一响，黄金万两"。1949 年 7 月，青岛市私营纺织业户共有 297 家，开工生产的有 111 家。新中国成立后，国家对纺织业给予了高度重视，青岛纺织厂的恢复速度惊人，仅用十多天就重新投入生产。私营业主在党的"劳资双利"方针指引下，解除了思想顾虑，大大调动起生产积极性，到 11 月份已全部开工。据统计，1949 年末，青岛纺织业向全市提供棉纱 12.53 万件、布 1.63 亿米，其中国营企业生产 1.06 亿米，占全国的 12.23％，占全省的 45.81％，实现工业总产值 1.3 亿元。到 1952 年底，华东纺织管理局青岛分局所管辖的国营企业达到 19 家，私营企业 480 家，纱锭总量达到 41.8 万枚，织机数量超过 1.3 万台。纺织业不仅为青岛提供了大量的就业岗位，还推动了产品产量的快速增长，积累了社会财富，奠定了其成为工业重镇的基础。特别是在抗美援朝时期，青岛纺织业展现了强大的社会责任感和强烈的爱国热情。纺织企业和工人通过增产节约竞赛积极捐款，支援志愿军。据记载，青岛纺织系统共捐献了 3 架战斗机和大量资金，捐赠的飞机分别命名为"青岛纺织工人"号、"华新"号和"阳本"号，展示了青岛人民为国家战争胜利所作出的无私奉献。每架战斗机约折旧币十几亿元,相当于新币十几万元,按照当时的生活水平,五口之家一个月仅需 50 元新币就能满足日常生活所需。

2. 民主改革与国有化

新中国成立初期,青岛纺织业通过一系列的民主改革和创新措施,取得了显著成效。在民主改革运动中,旧有的"搜身制""把头制""技师带班制"等压迫性的制度被废除,工人阶级真正掌握了企业的生产和管理权。同时,青岛纺织业开展了以增产节约为主题的生产竞赛活动,极大地激发了工人的积极性和创造性,涌现了一批全国劳动模范人物。在众多先进工作法中,青岛国棉六厂的细纱值车工郝建秀,凭借精湛的技术和认真负责的工作态度,创造了连续 7 个月平均皮辊花率仅 0.25% 的优异成绩。1952 年,青岛开始试行企业独立经营制度,在劳动制度方面,每天的两班制被改为三班制,降低了工人的劳动强度,提升了生产效率,使纺织业的产量大幅增长。截至当年年底,青岛纱锭总数达到 41.73 万枚、线锭 3.63 万枚、织机 1.31 万台,生产能力居全国第三位,仅次于上海和天津。青岛纺织业的产品质量、生产品种以及管理水平在全国范围内都处于领先地位,与上海、天津并称为全国纺织业的"三大巨头",被誉为"上青天",显示了青岛纺织工业在新中国成立初期的重要地位与贡献。这一时期的改革与创新,为青岛纺织业的长远发展奠定了坚实的基础,也为全国纺织行业树立了榜样。

1950 年,中纺青岛分公司着手创办青岛纺织工业学校,培养技术工人和生产骨干。1958 年 9 月经山东省人民政府批准,青岛纺织工业学校改为纺织专科学校,系山东省内唯一的省属纺织普通高校。1953 年,青岛纺织管理局医院建成并投入使用,主要担负着青岛纺织职工及家属的医疗、预防、保健服务以及医学院校的教学实习任务。随着我国第一个五年计划的实施,青岛纺织业迎来了公私合营的浪潮。全国范围内,党和政府开始推动农业、手工业、资本主义工商业的社会主义改造,青岛的私营纺织业也随之走上公私合营的道路。1954 年,国家根据"带、联、并、转、淘"的策略,逐步引导私营企业走向公有化,推动经济有计划地发展。按照党中央提出的"按行业考虑,个别合营,统筹兼顾,各得其所"的原则,阳本染印厂、青一丝棉染织厂等多家染织厂率先实现公私合营,职工人数迅速增加,达到 1 850 人。至 1955 年,青岛纺织业共有 631 家企业,其中包括 9 家地方国营企业、28 家公私合营企业、585 家私营企业及 9 家合作社营企业,涵盖棉纺织、印染和针织 3 个领域。随后,政府在公私合营的基础上,积极推行单户合营、并厂合营等多种方式,推动私营企业进一步整合。此外,红星、复兴等私营厂则通过私私并厂的方式实现了联合。1958 年,青岛市成立了纺织工业局,全面统管全市的纺织工业,进一步规范和推动了青岛纺织业的发展。

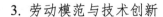

3. 劳动模范与技术创新

新中国成立后的青岛纺织业涌现了一批全国知名的劳动模范和技术创新者,带动了青岛纺织工人群体的技术革新,为推动纺织业的现代化发展作出了重大贡献。其中,三大工作法最具有代表性,分别是"郝建秀工作法""五一织布工作法"和"五三保全工作法"。

"郝建秀工作法"的核心思想一是工作主动,有规律、有计划、有预见性;二是生产合理化,把几项工作结合起来做,既省力又省时间;三是抓好细纱工作的主要环节——清洁工作。"郝建秀工作法"使广大细纱工人掌握了更加科学、规范的生产经验,显著提高了纺织企业的整体生产水平。作为新中国成立初期纺织工业战线上的重要创新之一,这一工作法不仅在技术层面帮助工人提高了工作效率,还在精神层面激励了广大职工的劳动热情,增强了他们的生产积极性。即使在今天,"郝建秀工作法"仍然是培训细纱值车工的基本教材内容,充分证明了其科学性和实用性。

1951年,在推广"郝建秀工作法"的同时,纺织工会全国委员会和纺织工业部提出了在全国范围内总结并推广先进织布工人的操作经验的号召,旨在推动细纱和织布两个工种的工作法共同发展。青岛在总结织布工作法方面处于全国领先地位,自动布机的操作法以国棉四厂的魏秀英为代表,普通布机的操作法则以国棉六厂的王建德和王家祥为代表。结合"郝建秀工作法"的精神,青岛的纺织工人在织布工艺上进行了深入研究和总结。1951 年 10 月，纺织工会全国委员会和纺织工业部在天津联合召开了"五一织布工作法会议"，集中了全国各地的专家、技术人员、优秀织布工人以及相关领导干部共 100 余人。经过为期 20 天的讨论和经验总结，最终形成了以年份命名的"五一织布工作法"，并在全国范围内推广。

"五三保全工作法"的创立，是在"郝建秀工作法"和"五一织布工作法"取得显著成效的基础上，纺织工业部进一步推动棉纺织企业设备保全工作的重要成果，其目的是提高设备的保养和维修效率，从而进一步提升生产质量、减少设备损耗。青岛纺织管理分局抽调相关技术骨干，组成了保全工作法总结工作组，对棉纺织厂各工序的设备保养和维护进行深入调研和实验。经过国棉六厂的试验，工作组最终形成了梳棉机、细纱机、织布机等设备的保全和保养工作法，并且在此基础上推动了其他设备的维修保养制度的健全。1953 年 3 月，纺织工会全国委员会和纺织工业部在上海联合召开了"全国保全工作会议"。会议汇集了各主要棉纺织地区的专家和技术人员，分析各地经验后，最终以上海和青岛的总结为主，结合苏联的先进经验，确立了梳棉、细纱平车法，自动布机主要结构平车工作法以及梳棉、细纱楷车工作法等 5 种工作法，总称为"五三保全工作法"。

此外，青岛针织三厂生产的"蓝天牌"运动服因其优良品质而广受欢迎，成为国内外市场的亮点产品。青岛的纺织机械厂也为纺织业的发展提供了强有力的技术支持。

4. 三线建设与技工培养

20世纪60年代中期,为应对国际紧张局势,国家实施了三线建设战略,将沿海的重要工业企业转移到内地。青岛纺织厂积极响应号召,为了支持三线建设,不仅提供了大量的生产物资,还积极培养专业技术人才。各大纺织厂通过创办技工学校,采用"半工半读"的教学模式,使大量工人在实践中迅速掌握纺织技术。这些技工学校的毕业生大多被派往内地的三线工厂,成为推动当地纺织工业发展的骨干力量。尤其是在山东的多个三线建设项目中,青岛纺织厂派出的技术人员发挥了重要作用,确保了新建工厂的顺利运作。虽然"文革"期间这些技工学校仅办了两届,但它们为青岛纺织支援三线建设作出了不可磨灭的贡献。大量曾在三线工作的纺织工人和技术人员在20世纪80年代后陆续返回青岛,继续在本地的纺织厂中发挥骨干作用。

在三线建设期间,青岛共调派了3 000多名职工和大量的纺织技术人才,支援北京、陕西、山西、河北、河南、新疆等地的纺织工业建设,建立了棉纺织、针织、印染和纺织机械等多个厂区,并为这些地区培训了6 200余名工人,为当地纺织业的发展作出了重要贡献。与此同时,在山东省委的指导下,青岛从20世纪60年代开始,选派大批纺织管理人员和技术人员,调拨大量设备和物资,在济宁、枣庄、滨州、临沂等15个地区新建了一批纺织厂。这些新建的工厂迅速成为当地的支柱产业,不仅为内地经济注入了新的活力,也为青岛纺织业在国内赢得了声誉。青岛在向这些地区输送纺织管理和技术人才的同时,也带去了供水、排水、供暖等城市基础设施规划以及职工宿舍、幼儿园等后勤保障系统建设的先进经验,完善了当地的生活配套设施。青岛纺织业的贡献不仅在于推动山东省的纺织业发展,也在于对全国纺织工业布局的优化起到了关键作用。

青岛纺织业不仅在国内具有重要影响,还在国际上通过技术援助和管理支持,提升了中国纺织行业的国际声誉。从 20 世纪 50 年代起,青岛从纺织企业中选派专家组,援助越南、圭亚那、柬埔寨、巴基斯坦、尼日利亚、赞比亚等国家的纺织工业建设,向这些国家输出了大量先进的管理和技术经验。到 1956 年,青岛生产的细布、平布、印染布等纺织产品成功进入国际市场,标志着青岛纺织业在国际舞台上的初步崛起。

四、改革开放与青岛纺织厂的转型

1. 改革开放初期的调整与挑战

改革开放为青岛纺织厂带来了前所未有的机遇和挑战。1975 年末,青岛纺织工业局所属企业通过技术改造,纱锭总量达到了 43.2 万枚,布机 10 236 台,线锭 106 657 枚,毛纺锭 1 660 枚,年产棉纱 44.37 万件,棉布 3.033 亿米,印染布 2.28 亿米,毛毯 1.06 万条,总产值高达 8.89 亿元,利润 1.11 亿元,税金 1.14 亿元。中共十一届三中全会以后,青岛纺织企业推行了"四班三运转"工作制,同时开始转变观念,加强专业化领导,引进国外先进设备,增强出口产品的国际竞争能力。

1980 年,青岛纺织品出口比重达 21%。从 1981 年开始,青岛逐渐扩大了纺织企业的自主权,推行了经营承包责任制。随着纺织品由卖方市场向买方市场的转移,纺织业由过去的生产型转向生产经营型,工作重点也由过去抓产值、抓数量逐步转向抓品种、抓质量、抓技术改造、抓经济效益、抓引进先进技术和设备、抓出口创汇。这一时期的成就是显著的,1987 年 9 月,青岛服装公司划归青岛市纺织工业总公司(青岛纺织工业局1984 年进行公司制改革后更名为青岛市纺织工业总公司)。至此,青岛纺织工业总公司有纱锭 47.7 万枚,布机 9 500 万台,年总产值 20.26 亿元,利税 2.45 亿元。至 1988 年,青岛市直属纺织企业达 94 家。青岛纺织工业全年工业总产值达 20.73 亿元,占全市工业总产值的 13.92%。固定资产原值达 10.78 亿元,利税总额达 2.5 亿元(其中利润为 1.4 亿元),出口产值达 6.28 亿元,出口收购值为 7.05 亿元,出口创汇 1.7 亿美元。

然而,伴随改革开放的深入,市场化改革的步伐加快,青岛纺织厂也逐渐面临着更为复杂的市场竞争环境。由计划经济向市场经济的转变意味着企业不仅要维持生产规模,还要面对市场需求的变化、资源配置的挑战以及外部市场的冲击。

为了应对这些挑战,青岛纺织厂在 20 世纪 80 年代至 90 年代初开始大规模引进国际先进的纺织技术和设备,提升产品竞争力。1980 年,国棉五厂率先从联邦德国、日本、瑞士、意大利、丹麦引进 2 万锭配套新设备。1981 年 4 月，国棉三厂引进日本 T5 型气流纺纱机 4 800 头。1987 年，国棉一厂引进比利时毕卡诺喷气织机和国外配套设备。尽管纺织技术和产量稳步提升，青岛纺织业却未能摆脱其逐渐下滑的命运。从 1986 年开始，青岛纺织业开始出现不同程度的衰退。青岛在全国纺织业中的地位不断下滑，从曾经的前三名跌至 1987 年的第十位之后，出口份额也急剧下降。1966 年，青岛是全国印染布出口三大港口之一，出口比重高达 76.61％，但到 1986 年时已跌至 30％左右，低于全国 40％的平均水平。这种下滑趋势在 1990 年和 1991 年尤为明显，青岛纺织业首次连续两年全行业亏损，进入了漫长的低谷期。特别是在 1997 年，纺织企业的亏损额占青岛市国有大中型企业亏损总额的 30％，纺织企业负债则占青岛市亏损企业总负债的 35.7％。

这种局面不仅影响了企业的生存，还导致了纺织工人工资增长的停滞。20 世纪 80 年代，一个细纱工人的工资为 70 元，高于当时大学毕业生收入的 56 元，但到了 2000 年，纺织工人工资仅增加到 700—800 元，而大学毕业生的收入已经攀升至 2 000—3 000 元。市场化的改革暴露了青岛纺织业内部体制僵化、技术装备落后、产品结构单一等问题，加剧了青岛纺织业与市场需求的脱节。

2. 纺织企业的改制与市场化转型

从 20 世纪 80 年代末开始,青岛纺织业进入了从计划经济向市场经济过渡的探索和调整时期,经历了一系列深刻的改革和重组。

首先是公司改制。1984 年,青岛市纺织工业局进行公司制改革,更名为青岛市纺织工业总公司,并在随后的几年中陆续实行厂长负责制和自主经营体制。1987 年,青岛服装公司并入纺织工业总公司,进一步形成了从纺纱、织布到服装的完整产业链。随着市场经济的推进,1995 年,纺织工业总公司转型为资产经营公司,更名为青岛纺织总公司,并于 2003 年成立了青岛新纺实业有限责任公司,后改名为青岛纺联控股集团有限公司。这一时期的调整,旨在应对国有企业普遍面临的人员过剩、债务负担重和技术落后等问题。通过一系列债务重组谈判,青岛纺织用约 22% 的偿债率解决了 40 亿元的债务,并解决了对职工的历史欠费问题,纺织从业人员从 12 万人缩减至 1.2 万人。在经营格局上,青岛纺织总公司通过品牌带动和资本运营组建了六大集团:华金集团(主营服装)、中大集团(多元化经营)、青岛纺联集团(工贸一体)、海珊集团(主营高档衬衫和进出口贸易)、奥帆集团(主营巾被和装饰用品)以及金虎集团(主营纺织机械)。这些集团的成立,推动了青岛纺织工业的转型与现代化。截至 2000 年,青岛纺织总公司下属 91.4% 的企业已完成改制,逐步形成了现代企业制度的框架。青岛纺联在功能性纺织品领域处于领先地位,通过全球服务贸易构建绿色供应链和时尚生态圈,成为纺织行业的龙头。

二是限产压锭。20 世纪 90 年代末,中国纺织行业面临产能过剩的问题,青岛纺织业的改革与发展尤其艰难。由于人员负担重、设备落后、债台高筑,以及原材料价格上涨和国际贸易壁垒的影响,青岛的纺织企业不得不采取限产压锭的措施,以应对严峻的市场环境。1991 年下半年,青岛纺织总公司依据国务院的限产压库政策,结合国家纺织工业部和市政府的指示,将限产指标细分至各企业,实行月度检查考核。主要措施包括对少数产品无销量、亏损额较大的企业,实行停产整顿或关停并转;对产品暂时无销路的企业,实行临时停产;对产品滞销或平销的企业,实行限制生产;严格控制棉纱产量,坚持以销定产,做到新品无库存。这一系列措施显著影响了青岛纺织业的经营状况。1993 年,青岛毛纺织厂宣告破产,成为新中国成立以来青岛市首个国有企业破产案例,这标志着青岛纺织行业面临的困境愈发严重。1998 年,国务院要求用 3 年时间关停淘汰全国 1 000 万枚落后纺纱锭。同年 7 月,国棉五厂敲响了青岛压锭的“第一锤”,现场工人对陪伴他们多年的机器被拆毁感到无比惋惜。最终,青岛纺织总公司下属企业在 1998 年 9 月前压减了 11. 93 万枚纱锭。到 2005 年,青岛国棉五厂宣布破产,青岛棉纺织企业的调整重组全面展开。在这个过程中,除了保留国棉一、六、八厂的 56 000 锭 FA 系列细纱机及国棉九厂的 20 000 锭境外办厂设备外,其余的纱锭几乎全部被压减淘汰。这一系列的改革和压锭措施虽然痛苦,但却是青岛纺织业在市场经济条件下转型升级的重要一步,为后续的发展打下了基础。

三是民企快速增长。随着市场经济的发展,自 20 世纪 90 年代起,青岛市涌现了大量民营和中外合资纺织企业,形成了激烈的市场竞争环境。90 年代,青岛国有纺织企业的设备规模逐年下降,受限于国有体制的改革和市场环境的变化,传统的国有企业面临巨大的竞争压力。与国有企业相对,民营和中外合资企业发展迅速。自 1978 年改革开放以来,青岛建立了数百家规模以上的非国有企业。至 90 年代中期,这些企业在生产规模和市场份额上迅速超过了国有企业,成为纺织行业的重要力量。从 1995 年起,青岛纺织行业积极引进外资,国棉十厂、国棉一厂、国棉九厂子企业高德羊绒制品公司与日本公司合资,国棉二厂与韩国公司合资,这些合资企业的成立,进一步增强了青岛纺织的国际竞争力。根据纺织档案记载,1999 年青岛纺织系统引进了 4 个外资项目,实际利用外资达 403 万美元,同比增长 34.33%。合资企业的销售收入也达到 8.05 亿元,并创汇 6 482 万美元,这显示出外资对青岛纺织行业的推动作用。

四是走出市区。1998 年,青岛纺织系统通过与外地县市联合办厂来扩大经营范围。例如,青岛国棉四厂与文登市(现威海市文登区)棉纺织厂合资成立了"文登合新纺织有限公司"。青岛国棉四厂以设备、技术和品牌作为投资,占投资总额的 50.01%;文登市棉纺织厂则以厂房和设备作为投资,占 49.99%。这种合作模式不仅降低了运营成本,还实现了资源的合理配置。同年,青岛国棉六厂低成本收购郓城县棉纺织厂,并在当地重新注册，将其转变为"六棉"的子公司。这种策略使得青岛国棉六厂能够充分利用其成熟的技术、管理经验和市场优势，迅速提升产品的质量和档次，拓宽市场份额，并成功实现了扭亏为盈。这些举措展现了青岛纺织行业在面对市场挑战时的灵活应对和创新能力，有助于实现资源共享、技术交流和市场联动，形成良性互动。

五、现代纺织业的发展与展望

1. 青岛纺织厂对城市和社会文化的影响

青岛纺织厂作为百年工业重镇的重要组成部分，与城市发展紧密相连。自 20 世纪初，青岛的九大纺织厂主要分布在四方区和李沧区，这些工厂与周边的纺织机械厂、纺织器材厂、印染厂等共同组成了青岛的纺织产业链，形成了一条贯穿青岛南北的工业脉络。这条脉络以港口为基点，沿胶济铁路呈带状发展，深受近代交通运输体系的影响。这种工业布局推动了城市空间结构的演化，进一步影响了人口流动、就业结构，也促进了城市经济结构的转型。伴随着工业化进程的推进，青岛城市的空间属性逐渐演变，工业用地与居住、商业、交通等功能用地的相互依存，架构起了青岛城市空间的内部结构。与此同时，纺织工业吸引了大量劳动力进入城市，带动了城市经济增长。可以说，青岛的城市肌理、空间格局以及人口流动的模式，都在很大程度上受到纺织工业的深刻影响。

纺织工业的发展不仅影响了青岛的城市布局,还深刻塑造了青岛的社会文化氛围。在 20 世纪中期,青岛纺织工业的蓬勃发展促成了一个庞大的工人阶层。1953 年,青岛市第二工人文化宫(原纺织工人文化宫)落成,成为纺织工人文化生活的中心。在这里,纺织工人不仅能享受文娱活动,还积极参与城市文化建设。纺织系统的职工篮球赛、纺织企业与驻青部队的友谊赛,成为青岛城市生活的一部分。在那个时代,青岛纺织工人的生活与工作密切交织。职工宿舍区不仅是居住的场所,还配有粮店、副食品店、百货店等,满足工人日常生活需求。职工宿舍中的图书馆为工人提供文化娱乐,理发店、茶炉等福利设施更是让工人及家属生活便利。虽然时代变迁,纺织厂宿舍已改建成现代商住区,但老工人们对过去工厂生活的记忆依然鲜活。那个年代邻里之间和睦共处、分享劳动成果的生活场景,成为老纺织人心中不可磨灭的集体回忆。

纺织工艺与文化的传承是青岛纺织工业的一大亮点。青岛纺织厂的遗址、机械设备及工艺技术的保存,不仅具有历史意义,还为工业旅游提供了重要资源。目前,青岛纺织谷和青岛纺织博物馆保留了丰富遗产,展现了青岛纺织业的百年风貌。这些工业遗产既是文化传承的载体,也是城市文化独特性的表达形式。青岛纺织工业不仅具有历史延续性,还承载着爱国奉献、科技创新的工匠精神。如今,通过对纺织遗产的保护与再利用,不仅能够挖掘、延续城市的历史文脉,还为未来城市的文化建设提供了宝贵的人文资源。

2. 21世纪青岛纺织业的发展

21世纪初,随着中国纺织品出口量的快速增长,中欧纺织品贸易摩擦加剧。为应对国际市场的限制措施,青岛纺织企业进行了全面的调整与优化。在中欧贸易摩擦的背景下,青岛纺织企业一方面积极提升产品档次,改变"价低量大"的国际形象,另一方面加大品牌建设的力度,以科技创新与时尚设计为突破口,寻求国际市场的进一步开拓。即便有了技术引进和企业重组的支持,青岛纺织业依然面临诸多挑战。随着"退二进三"政策的实施,纺织企业数量锐减,熟练工人的短缺问题愈加严重。2004年,青岛市纺织服装熟练工人的缺口超过2万人。此外,青岛纺织企业的生产模式依然保持大批量、小品种的特点,缺乏创新与市场适应能力,导致了技术装备落后、产品结构过于单一的问题。为振兴纺织服装行业,青岛市从2001年起连续几年举办"青岛国际时装周",推动行业学习和交流,大力发展最具时尚元素的本地女装品牌。青岛纺织业通过转岗、协保等方式,逐步分流安置职工,实现了组织结构、产品结构的优化。在此基础上,青岛纺织企业积极调整产业战略,着力提升多组分差别化功能性纺织品的核心竞争力。同时,青岛纺织业通过与国内外企业建立产业链联盟,提升了纺织产品在高附加值市场的竞争力。

在"十一五"期间,青岛纺织业重点解决了"老三篇"问题,着重于调整和解困。而在"十二五"期间,青岛纺织业迎来了新的发展阶段,着手实现"研发强、产业精、市场大"的"新三篇"目标。青岛纺织业通过整合科技、工业和贸易,提升了整体市场竞争力,确保站在市场的前沿。青岛纺联控股集团与世界领军企业合作,构建了从纤维原材料到成品纺织品的完整产业链。这一战略使得"青纺联制造"的品牌形象得以树立。此外,青岛纺织企业逐步走出国门,开拓国际市场,重塑了"高端、尖端、前端"的青岛纺织新形象,展现出强大的国际竞争力。

青岛纺联控股集团(简称青纺联)以"哑铃型"和"微笑曲线"模式对现有存量资源进行了优化配置。这种市场化的调整策略使得资源配置更加高效,提升了企业的整体运作能力。青纺联致力于将自身打造成中国"功能性纺织品专家",并将"特色纺织、科技纺织、健康纺织"作为战略目标。这些目标不仅体现了行业发展趋势,也为企业未来的发展指明了方向。青纺联充分利用其在设计开发和生产方面的优势,尤其是在多组分差别化纱线和坯布开发领域。这一优势不仅提升了企业在纺织新材料应用、新工艺创新和新产品开发方面的技术实力,也增强了青纺联的核心竞争力。青纺联在棉纺产业基础上,逐步培育纤维科技、面料、家纺和服装四个主营业务单元,形成了较为完整的产业链。同时,产业集群还涵盖了印染、针织服装、国际贸易、海外事业等领域,为青岛纺织业的可持续发展奠定了坚实的基础。

科技创新成为青岛纺织业转型升级的核心动力。通过加大科研投入,青岛纺织业在纤维与面料研发领域取得了显著进展。为响应国家新旧动能转换战略规划和青岛市城市产业结构优化调整的新要求，2014年12月4日，在中国纺织工业联合会和青岛市、区两级政府的大力支持下，纺织谷作为现代纺织产业的服务基地正式开园，成为纺织业创新发展的典范，并作为推动青岛城市纺织产业转型发展的新平台，率先开启了青岛老城区城市更新和产业升级的新征程。2017年9月29日，在青岛纺织博物馆（新馆）开馆仪式上，国内唯一的中国纺织"上青天"文化传播基地揭牌并永久落户纺织谷。如今，纺织谷不仅是一个纺织品生产与贸易的中心，还成为青岛纺织产业走向国际化的重要平台。

目前，以纺织工业为基础，青岛纺织服装业出口占较大比重，产品远销美国、日本、韩国、欧盟、中东、东南亚等国家和地区。青岛市纺织服装业建立起规模庞大、品类齐全的服装加工体系，在即墨区、胶州市形成市区以国际贸易为中心、郊区以制造和装备为两翼的产业格局，培育了即墨中国针织名城、中国制帽之乡等国家级特色产业基地。青岛市围绕"工赋青岛，智造强市"城市品牌建设，推动纺织产业集聚发展。

3. 未来发展趋势

展望未来，青岛纺织业将在新技术、新材料的研发上持续发力。智能制造、绿色纺织等新兴技术将成为推动青岛纺织业发展的重要动力。在"双循环"战略背景下，青岛纺织业将进一步强化国内市场的开拓能力，同时加快"走出去"的步伐，提升国际市场的竞争力。

总体来说,青岛纺织业不仅承载了城市的历史与文化,还通过不断的技术创新与产业升级,继续书写着现代纺织工业的新篇章。未来研究方向可以聚焦在以下几个方面:一是深入研究纺织工业遗产的保护与再利用,探索如何通过纺织文化提升青岛的文化软实力;二是加强对现代纺织科技与创新的研究,助力纺织业的可持续发展;三是推进纺织业的国际化进程,增强青岛纺织企业在全球市场中的竞争力。在全球化背景下,青岛纺织业将以更加开放、创新的姿态,迎接新的机遇与挑战。

六、总结

青岛纺织业的发展历程,映射出中国纺织工业百余年的变迁与辉煌。从最初依靠手工技术的小作坊,到近现代引进先进的机械设备,再到后期成为全国重要的纺织品生产基地,青岛的纺织业不仅促进了城市工业化的崛起,更见证了中国纺织行业从无到有、从弱到强的跨越式发展。

青岛纺织业的辉煌历史,不仅体现在其曾经的生产规模和市场份额上,还深深影响了青岛的城市布局、人口流动与文化形态。在四方区和李沧区的纺织厂分布区域,形成了带有强烈工业特征的城市空间结构,同时也造就了青岛独特的工业文化符号。纺织厂工人的生活变迁、工厂社区的氛围以及文化宫的建立,成为这座城市工业化进程中不可磨灭的集体记忆。

尽管纺织业在今天已不再是青岛的经济支柱,但其作为一种文化遗产,依然深深植根于青岛的社会文化肌理。纺织谷的建设和老工业遗址的保留,不仅让青岛纺织业的精神得以传承,更将其转化为推动城市文化旅游与创新发展的新动力。

展望未来,青岛纺织业依然面临许多挑战,但也拥有广阔的发展前景。随着全球纺织产业链的变化,青岛纺织业通过技术创新、产业升级与环保转型,将逐步从传统制造业向高端纺织品研发迈进。辉煌的历史或许已成为过去,但青岛纺织业的艰苦奋斗精神必将继续引领其走向更加光明的未来。

附:各历史数据统计表

表1 1949年—1995年青岛纺织业发展平台名称沿革

时间	名称
1949年6月	中国纺织建设公司青岛分公司
1951年1月	华东纺织管理局青岛分局
1953年2月	中纺部青岛纺织管理局
1955年2月	青岛市染织工业局
1958年9月	山东省纺织厅青岛市纺织局
1958年12月	染织局并入市纺织局
1963年3月	青岛市纺织局并入省纺织局(驻青)
1969年5月	山东省纺织局迁济南建市纺织局革委
1978年8月	撤销革委恢复青岛市纺织局

续表

时间	名称
1984 年 7 月	青岛市纺织工业总公司
1995 年 3 月	青岛市纺织总公司

表 2　青岛原九大国棉厂地址及创建时间

厂区名称	厂址	创建时间
国棉一厂	海岸路 2 号	1919 年
国棉二厂	海岸路 22 号	1916 年
国棉三厂	兴隆一路 149 号	1921 年
国棉四厂	四流南路 62 号	1934 年
国棉五厂	四流南路 70 号	1934 年
国棉六厂	四流中路 46 号	1921 年
国棉七厂	四流中路 187 号	1921 年
国棉八厂	沔阳路 1 号	1935 年
国棉九厂	永平路 2 号	1902 年

表 3　青岛纺织业支援三线建设统计表

援建时间	单位名称	新建厂名称	调动人数	投资额（万元）
1964 年 7 月	青岛国棉三厂	临清棉纺织厂	196	192
1966 年 1 月	青岛国棉九厂	菏泽棉纺织厂	110	113
1966 年 1 月	青岛纺织机械厂	陕西渭南纺机	143	
1966 年 2 月	青岛国棉七厂	济宁棉纺织厂	172	225
1966 年 3 月	青岛国棉四厂	惠民棉纺织厂	332	253

续表

援建时间	单位名称	新建厂名称	调动人数	投资额（万元）
1966 年 4 月	青岛针织二厂	泗水县针织厂	62	125
1966 年 5 月	青岛国棉五厂	诸城棉纺厂	128	121
1966 年 9 月	青岛印染厂	济宁印染厂	182	360
1966 年 9 月	青岛纺织配件一厂	济宁纺织配件厂	102	109
1966 年 10 月	青岛纺织器材厂	济宁纺织器材厂	486	42
1967 年 1 月	青岛国棉一厂	枣庄棉纺厂	182	536
1967 年 3 月	青岛国棉二厂	平阴棉纺厂	386	256
1967 年 5 月	青岛针织一厂	临沂针织厂	50	140
1967 年 11 月	青岛国棉八厂	临沂棉纺厂	105	244
1968 年 8 月	青岛东方红棉纺织厂	惠民棉纺厂	62	175
1970 年 3 月	青岛国棉六厂	蒙阴棉纺厂	279	309

爱国实业家陈孟元 |

民建青岛市委宣传处

人民路原来叫小阳路,"小"指的是小村庄,而"阳"就是指阳本印染厂,由此可见当时这家厂多么有名。阳本印染厂是华北第一家动力机器印染厂,始建于 1934 年,创始人是民建青岛市第二届委员会主任委员、爱国实业家陈孟元。从一个东北货栈的小学徒,到实业救国的民族企业家,再到 61 岁时当选青岛市副市长,陈孟元的一生涉及商业、工业、政坛,经历可谓丰富。

一、读了 8 个冬天的书

1894 年,陈孟元出生于山东掖县(今莱州)小朱石村一户普通的农民家庭。因为家境贫困,年幼的陈孟元曾亲眼看着姐姐因长期营养不良病死在母亲怀中,最小的弟弟一出生就被送给了别人。母亲的眼泪、父亲的叹息,在年幼的陈孟元心中留下了深深的烙印。"父亲一直耿耿于怀,到年老因病卧床不起之时,还常常对我们子女提起这两件事,而且不胜唏嘘。"陈孟元的三儿子陈锡早先生,曾著有《白手起家——回忆父亲陈孟元》一书，从家人的角度对父亲的一生进行记述。他表示正是儿时这种强烈的刺激，成为日后激励父亲克服一切艰险一步步走向成功的动力。

和许多成功人士一样，陈孟元自幼就表现出对知识的渴望。然而对于连饭都吃不上的农村家庭而言，读书的确是件奢侈的事。虽然是乡村主妇，但陈孟元的母亲想明白了一件事——孩子不读书将来还是得受穷，所以她坚持要送大儿子去私塾，但这个提议遭到了丈夫的反对："老大不干活了，吃什么？再说学费从哪里来？"在母亲的据理力争下，陈孟元获得了冬天农闲时去学堂念书的机会。从那天起，陈母除了要打理家中的农活，每天晚上还要多编几条草辫子，用来换钱供儿子读书。虽然每年只有冬天能去上学，但陈孟元深知这机会来之不易，所以他读书格外用功，深受先生喜爱。就这样，陈孟元一读就是 8 个年头，严格说应该是 8 个冬天，折算下来只有 2 年时间，但在私塾短暂的学习生活为他打下了坚实的文化基础，也让这个乡里孩子开阔了视野，开始渴望看看外面的世界。

二、16 岁只身闯关东

16 岁那年，为了解决一家老小的温饱，陈孟元决定闯关东。为了不让儿子流落街头，陈孟元的父亲找到乡里一家在东北有生意的大户，央求他收儿子在黑河的货栈当学徒，代价是自己在家乡的酒厂无偿为对方打 3 年工。去处是有了，可盘缠却成了一家人的难题。从掖县到东北黑河有 5 000 多里路，那时候闯关东的山东人全都徒步前往，即使一天能走 100 里，也得走上近两个月。这两个月的吃住费用去哪里筹？就在这时，私塾的老先生送来两吊铜钱。陈孟元一看忙给老师磕头，心中牢牢地记下这份恩情。据陈锡早回忆："解放初期，父亲听说小学教师薪酬很低，曾向市教育局捐一笔款子，用于资助生活困难的教师。我想，也许是父亲想起他的恩师，那位乡村老秀才，想起老师之伟大，老师之可敬……"就这样，16岁的陈孟元离开了家。为了省钱，他晚上捡块砖头枕着就睡在路边，跟着老乡一起爬过运兵的火车，却险些因蹭车丧命于官兵的刺刀之下。历尽千辛万苦，陈孟元来到了黑龙江西北部的黑河。当年的黑河虽然只是个小镇，却聚集了不少货栈，陈孟元就是在这里踏上了他的从商之路。

陈孟元当学徒的货栈名叫双合盛，刚刚进店的学徒地位很低，不仅要听掌柜的，还要伺候好店里的老伙计们，脏活累活都要干，挨打挨骂也是家常便饭。但是想想家中辛劳的父母和年幼的3个弟弟，他总是咬着牙，不曾抱怨一声。跟其他学徒不同，陈孟元进店的第一天就给自己定下了目标——当掌柜。所以每天晚上店铺打烊后，在别人睡觉、闲聊的时候，他总是躲在角落里偷偷学习珠算。当其他学徒出去闲逛时，他就去其他货栈逛逛，暗暗记下商品的价格和品种。为了不影响与客人交谈，他戒掉了山东人最爱的大葱、大蒜……因为用心肯学，他很快就从几个学徒中脱颖而出。3年后，19岁的陈孟元留在店里当了伙计，而此时他的商业头脑也渐渐展露出来。

三、卖酒给俄国人让他出了名

第一次世界大战时期，沙皇颁布了全民戒酒令，以全力抗敌。陈孟元深知俄国兵个个嗜酒如命，于是建议掌柜多进高度白酒。陈孟元自告奋勇去江北的俄国境内宣传、招揽客人，果然没过多久就有不少俄国兵趁着夜色过来喝酒。在边境学了几年生意，陈孟元已经能讲几句简单的俄语。他通过与俄国兵攀谈得知俄国人喝酒时最喜欢吃酸黄瓜，于是他再次请命过江从俄国农民家中收购了整整一马车的酸黄瓜。当黑河镇上的其他货栈纷纷效仿双合盛开始卖白酒时，双合盛却用酸黄瓜一直维持着好生意。再后来，陈孟元嫌过江麻烦，干脆跟一位俄国老太太学会了腌酸黄瓜的方法。

据陈锡早回忆，若干年后，每当黄瓜上市时，陈孟元都要亲自腌上几缸，在孩子们的记忆中那可是"非常好吃的、正宗俄国风味的酸黄瓜"。只是过江来喝酒还不过瘾，俄国兵开始偷偷往回带酒，但俄国兵的口袋都是外挂式的，根本藏不住酒瓶。经过仔细观察，陈孟元画了一个扁平酒瓶的图样给掌柜，并强调一定要用一摔就碎的薄玻璃来做。有了上次赚钱的经历，掌柜对他的点子已是深信不疑，马上派人去哈尔滨加工了一批酒瓶。"这种瓶子10厘米高，8厘米宽，扁扁的刚好塞进皮靴里。俄国兵大摇大摆地走回兵营，无人之时抽出来两口喝光，小瓶子随手一摔全碎了，不留痕迹。"陈锡早介绍，俄国兵管这种酒叫"靴子酒"，过江喝完必定要买了带回去。

这一场白酒大战，不光让双合盛发了一笔大财，也让整个黑河镇的掌柜们都认识了这个姓陈的年轻伙计。1915年，21岁的陈孟元遵父母之命回家成亲，返回黑河不久就被全兴瑞货栈高薪聘为地位仅次于掌柜的"拦柜头"。有了实权,陈孟元的经商能力得到了充分的发挥。他带领一批伙计把分号开到了伊尔库茨克,靠转卖中俄两国稀缺物资又为货栈赚了个盆满钵满。只可惜好景不长,1922年黑河镇发生大火,全兴瑞货栈被烧了个精光,东家结束了伊尔库茨克的生意回乡养老去了。28岁的陈孟元意识到自己创业的时机到了。

从当学徒的第一天起,陈孟元就梦想着有一家自己的店铺。为了让这个愿望早日成真,他从1915年成亲离家后有6年没回过家,也没往家里寄过一分钱,并非他不孝,而是早与家人协商好,为的就是早日把开店的本钱凑足。"向俄国兵卖白酒的生意,给他留下了深刻的印象。于是父亲单枪匹马用自己手中的资金购买白酒,再向俄国境内出售。在今天看来,父亲一无店铺,二无伙计,似乎只是'商业中介人',但他凭着灵敏的商业头脑、丰富的人际关系,加上流利的俄语,这一场白酒贸易干得风风火火。"陈锡早表示,向俄国人卖白酒不仅让父亲在商场初露头角,也让他积累了一笔可观的资金。

四、让他发财的是"美烟",不是"霉烟"

有了白酒生意赚到的这笔钱,1926年陈孟元转战东北商业重镇哈尔滨,在这里开了第一家属于自己的店铺——聚丰祥货栈,已过而立之年的他终于当上了掌柜。用陈锡早的话来说,父亲的经商头脑就像一台不停转动的机器,他一生都在发现新的机遇,挑战新的领域。东北地区当时人人爱玩一种类似麻将的纸牌,这种纸牌在聚丰祥的销量很大,于是陈孟元从批发商的只言片语中寻找线索，开始自己订纸送去最有名的印刷厂，选最好的印版，大批量印刷这种纸牌，一下子从销售商变成了供货商。他还给自己的纸牌取名为"寿星牌"。本着薄利多销的原则，物美价廉的"寿星牌"很快就垄断了东北的纸牌市场。有批发商问陈孟元"寿星牌"到底好在哪里，他自信地回答："我的纸好，薄而硬，有弹性，弯曲如钢板。"客商认为他在说大话，陈孟元就笑眯眯地拉过客商的耳朵："我的纸牌能割下你的耳朵，如果割不下，我的货全免费，随便大家拿。"那客商一听吓得连连求饶，但从此"寿星纸牌能当刀"的说法就在东北的货栈、商铺流传开来，竟成了一句生动的广告语。

1928年的一天晚上，陈孟元无意间走入了一家美国烟商的店铺，见店主愁眉苦脸，他便上前询问。原来这个美国烟商带了一大批香烟来到中国，但因语言不通，烟卖不出去，店租也无力支付。眼看着这批卷烟就要过期，他连自杀的念头都有了。陈孟元当场试吸了这种美国香烟，认为味道顺和、劲头适中，应该好卖，当即决定将店里的美烟全部收购。不仅如此，他还额外给了美国烟商6 000块大洋的支票，托他回国后再帮自己进一批货。美商激动得热泪盈眶。陈孟元利用自己的销售渠道，很快将手里的美烟分销了出去。半年后，价值6 000块大洋的美烟也到货了。他不仅在哈尔滨销售美国烟，还派了两个得力的伙计分别前往天津和上海开拓市场，最终这一船的香烟让陈孟元赚回了两万块大洋。

曾有人说陈孟元当年是低价收购了一批受潮发霉的卷烟才发的家，对此说法陈锡早持有异议。他专门找到当年被父亲派往天津销售卷烟的滕德福老人了解实情，并保留了采访影像为证。"稍有头脑的人就会明白，发霉的卷烟如何能卖得出去？哪位糊涂商人会进货？也许写文章之人只听说'美烟'，误认为'霉烟'，音同意思可大不一样！"陈锡早说。

观海二路 27 号，一座旧式的三层小楼，曾是陈孟元安度晚年的地方。他这一生开货栈、办工厂，事业上干得风生水起，个人生活却格外低调，低调到起初遍查资料，记者都没有找到这位大实业家的故居所在。据陈孟元的后人介绍，他虽然家财万贯，但一生简朴，只爱穿妻子亲手缝制的衣服，但是在爱国救国方面从不吝啬。他曾想卖掉所有工厂，用这笔钱去制造一颗原子弹，以防外敌再次入侵，也曾在抗美援朝时期向国家捐赠一架喷气式战斗机。

五、在青岛建印染厂

"1931 年九一八事变后，东北在日伪的统治下，逐步加紧对民族工商业的限制，于是陈孟元产生了到关内开办工厂的念头。"原青岛市政协文史委主任郑友成回忆说，1933 年陈孟元从沈阳回掖县老家途经青岛，看到当时青岛虽然轻纺业发达，却没有一家印染厂。这一商机再次触动了他的神经，他回想起家乡小朱石村就有两家染坊，用大缸染布、染线，工艺并不复杂。"家乡无电、无自来水尚能染布，在青岛建个印染厂又有何难？"于是陈孟元从太阳烟草公司抽调了 20 万元资金，马上在青岛着手选址建厂。因为印染厂的资本来源于太阳烟草公司，所以起名为"阳本"。印染离不开水，陈孟元把厂址选在地势平坦的海泊河旁，请人设计好厂房，又请来土建营造商估价,但价格超出了他的预算。那时青岛只有一家营造商能承担这项工程,在价格方面几次协商未果后,陈孟元提出请营造商出劳力、工匠,自己备料开建项目。陈孟元的这个方案让下属们十分担心,这么庞大的工程队伍,没有专业人员管理,工匠磨洋工怎么办?但陈孟元表现得胸有成竹。

"自古以来,营造工匠上工都是自带午饭,工地仅供开水而已。父亲命人建了一个大伙房,并盖起大席棚,设桌椅、板凳供工匠就餐。"陈锡早说,工地不仅提供免费午餐,还顿顿有鱼有肉,父亲的这一举动让工匠们十分惊讶。山东人向来讲义气,碰见了这么仁义的东家,工匠们干起活来自然格外出力,工程进度居然比平时有工头监工干得还快。陈孟元也没架子,整日泡在工地上与工人们同桌吃饭,跟他们打成一片,所以工匠们也乐于向他提出设计上存在的缺陷及修改意见。仅用了一年多的时间,阳本印染厂就竣工投产了。陈孟元一算整个工程的耗资不足 10 万元,还不到当年营造商要价的一半。

六、智斗日商遭嫉恨

从阳本印染厂破土动工的第一天起,在华的日资企业就行动起来,他们不愿见一个中国人独吞这块肥肉。1934 年,几乎是在阳本投产的同时,日商的印染厂也开工了。日商凭借着先进的技术和坯布供应上的优势,妄图将陈孟元的企业扼杀在起步之初。他们带来了花布设计专家,设计出许多色泽鲜艳、搭配合理的图样,但这方面恰恰是阳本的短板。经过深思熟虑,陈孟元作出一个决定:把花布卖到乡间去。得知这个消息,当即有人反对:"自古花布都是城里人购买,到乡下卖得动吗?"陈孟元却反问:"山东省有多少人?城市有多少人?"大家一算,当时山东全省一共有7 000万人,但青岛、济南、烟台几个城市加起来不到100万人。"他们为这100万人印花布,我们为6 900万人印花布,看谁的花布卖得旺!"陈孟元算过一笔账,虽然乡下人穷,但只是卖冬天的被面和新媳妇的花袄布,也够阳本大赚一笔。比洋气的不行,印农民喜欢的花色可是咱中国人的强项了。阳本的新花布一上市马上引来了全省各地的农村趸布客。日本人一看这招灵,也想转投农村市场,可是任凭东洋来的大设计师们怎么费尽心思,也始终捉摸不透中国乡村妇女们喜爱的花色。此后,陈孟元还调集厂里的骨干筹备在各地开办营业部。一方面可以及时收集各地消费者及趸布客对花布的不同需求,接受订货业务;另一方面,节省了趸布客的时间、金钱,如同送货上门。这样产供销一条龙的形式,使阳本印染厂的仓库里再无积压花布。

从1934年到1937年,阳本印染厂在与日商竞争的过程中屡战屡胜,并不断扩大生产规模,这让日商对陈孟元恨之入骨。终于在1938年,日本二次侵占青岛时,日商找到了报仇的机会,日军一到青岛就霸占了阳本的厂房。陈孟元深感国破家亡之痛,却无力反抗。他先是出资遣散了厂里的职工,然后带着家人回了掖县老家,随后又躲到了沈阳。即使这样,日本人还是找到了陈孟元。日本军官带着一队士兵闯入陈家,提出要与他"合作办厂"。陈孟元原本一口回绝,但当明晃晃的刺刀横在自己的妻儿眼前时,他能做的就只剩下无奈了。之后,日军很快在青岛宣布阳本印染厂"自愿"交付日本军方管理,并组成了所谓的董事会。除日本人外,只挂了一个中国人的名字,那就是陈孟元的四弟陈子万。但在日军占厂的8年中,陈子万从未迈进阳本印染厂一步。

七、抗战胜利后他曾想造原子弹

抗战时期,陈孟元沉默寡言,后来连出门散步也停了。对于陈孟元而言那是一生中最为苦闷、漫长的时间。1945年8月,日本人无条件投降了。摘掉了"亡国奴"的帽子,陈孟元想:如果中国人也有原子弹,那还有谁敢再欺负我们?于是他作出了一个决定:倾家荡产也要造出一颗原子弹。

抗战胜利,太阳烟草公司急待恢复生产,阳本印染厂也尚未收回,有许多事情都在等着陈孟元处理,但他放下企业的事情不顾,把心思全部放在了造原子弹上。陈锡早说,那是父亲第一次"不务正业"。

陈孟元从来就不是个只说不干的人。他认为炸弹是铁壳内装炸药,原子弹无非是铁壳内装"原子",原子怎么造还不清楚,那就先造铁壳吧。他在当地找到一颗当年飞机上丢下来却没有爆炸的炸弹,带着尺子去量了尺寸、画了图纸,然后交给一家铁厂加工。没过几天,铁厂的掌柜来电话:"陈大掌柜,你的原子弹造好了。"陈孟元去验收的那天,铁厂上下就像看新媳妇一样,热热闹闹地围着这颗小轿车大小的"原子弹"。陈孟元对照过图纸后感到很满意,当场就付了钱,并让铁厂掌柜给弹壳搭个架子,等他请专家研究好了"原子"再来取。只是没过多久,一场旷日持久的官司让他不得不匆匆赶往青岛,制造原子弹的计划也就搁浅了。"被日军霸占8年的阳本印染厂不但没有顺利收回,四叔还以汉奸的罪名被当局拘押了。"陈锡早回忆,陈孟元得知此事后对当局黑白不分深感气愤,最后干脆自己站上法庭进行辩护。在陈孟元的据理力争下,阳本印染厂终于在一年后归还陈氏,陈子万也无罪释放。1947年,陈孟元一家再次搬回青岛,"阳本花布"又在山东农村走俏起来。1950年,为支持抗美援朝,陈孟元捐献一架喷气式战斗机给中国人民志愿军,这在当年是青岛私营企业最大金额的捐赠。1954年,政府批准了阳本印染厂为青岛市第一批第一家公私合营企业,陈孟元任董事长。

为扩大生产,他还用自己所存的3 200两黄金以及8 000美元,购买了200台织布机,这在青岛工商业引起轰动。1956年4月,61岁的陈孟元当选为青岛市副市长。1963年,陈孟元因心脏病发作在青岛离世。

出自《青岛文史资料第二十五辑·上》

| 青岛纺织工人的抗战历史记忆

王珍美口述　曲海波整理

　　20世纪20年代后,日本人在青岛老沧口、老四方等地区建立了许多工厂,其中棉纺厂就有9个之多。他们掠夺中国的棉花,剥削中国的廉价劳动力,赚取高额利润。其中位于今青岛市李沧区的就有4个,它们分别是1920年建厂的宝来纱厂(后掠夺兼并民族企业华新纱厂)、1921年建厂的富士纱厂(青岛国棉七厂前身)和钟渊纱厂(青岛国棉六厂前身)、1935年建厂的同兴纱厂(青岛国棉八厂前身)。

　　著名作家冯友兰先生之女宗璞说过:"历史实在是很难梳理清楚的,即使是亲历者也有各自的局限,受到各种遮蔽,所以很难还历史原貌。不过,每一个人都说出自己所见的那一点,也许会使历史的叙述更多面、更真实。"我是同兴纱厂的老职工了。人生无根蒂,飘如陌上尘。1941年我只有11岁,当时由于家里姊妹兄弟多(9个),为生活所迫,我就从平度老家跟着3个姐姐来到青岛同兴纱厂做童工。当时纱厂以女工为主,纺织女工中有很多像我一样只有十一二岁的,迫于生计,她们过早地担负起养家的重担。我现在虽然已80多岁,但时常想起20世纪40年代日占时期在纱厂做童工的经历,尽管充满苦难酸楚,但历史的记忆是抹不去的……

一、日占时期纱厂工人的苦难生活

回眸历史,20 世纪 40 年代,在日本的殖民统治下,青岛人民处于奴隶地位,遭受空前的压迫,纱厂工人的苦难尤为深重。沧口、四方、东镇是青岛的工业区,日本 9 大纱厂等重要企业都设在那里,工人密集,是日军警戒的重点。除驻有海军陆战部队外,日本宪兵队设有台东、沧口两个分队,日本总领事馆设有四方、沧口两个派出所,伪警察局设有四沧分局与保安中队。日本工厂除管理人员全部由日本人担任外,均设专门监管工人的"劳务系"。该系的日本人大多身带武器,随时去作业现场和住地进行监视,可以任意抓捕工人。各厂均实行搜身制度。另外,还雇有一定数目的秘密课报员,负责对工人进行侦缉、搜捕工作。他们为了加强控制,工人进入日本纱厂做工时,要填写详细人事卡片,还须找出保人,其住址与职业也须详备。一人出事,保人"连坐"。日伪在青岛推行保甲制度也是从沧口、四方开始的。

当时,我在同兴纱厂每天工作 12 小时,有时还要长。我和许多同兴纱厂从外地招收的工人集体住在厂方提供的极为简陋的宿舍内。除受厂方管辖外,厂里设立的专门针对女工、管理女工的保护员有绝对的管辖权力。工人挣的工钱,有的规定必须交给保护员"保管";每天吃保护员提供的伙食,但伙食费比市面上要贵很多;她们还要受公差、画彩票等盘剥压榨。当时纱厂的管辖制度非常残酷苛刻,车间的管理人员有日本人、大把头、二把头、小把头等许多层。稍有不合他们的心意处，不是拳打脚踢，就是罚款以至开除。工人除了遭受打骂外，人格还要受凌辱。他们下班出厂，必须解开衣服受日本人或他们的爪牙搜查，女工也不例外。

当时纱厂工人中流行着这样两句话："吃的猪狗食，过的牛马日！"每天做工 12 小时以上，所得工资少得可怜：技工每天工资三四角钱；青年壮工每天三角钱；女工、童工每天二角钱；而刚进厂的女工、童工每天工资只有一角多钱。若再被厂方扣除房租、水电费，所余就寥寥无几了。据许多纱厂老工人回忆：所余只能买五六个窝头，这不仅不能养活一家老小，连自己也难以糊口。工人稍有过失，动辄罚薪，至少罚款二角钱。如当时钟渊纱厂对工人制定了各种罚款制度，一般为一天工资，多者达两天工资；织一匹二等布就罚 20 码，有的车工每天被罚 80 码到 100 码。除被罚款外，还要遭到把头和日本监工的毒打。因此，有些纱厂工人一见出了纱布，拔腿就跑，不敢进厂。疾病生育也不给假；10 天不到厂就被开除；因公受伤及残废者也不给抚恤。纱厂工人在厂做工，连吃饭的时间也没有，必须在车间里一边看车一边吃饭。12 小时内喝不到一点开水。有时渴得难忍，偷着去喝点凉水，一旦被把头、监工看见，就遭痛殴。"中国奴""亡国奴"是日本监工平常辱骂工人时挂在嘴上的话；十多岁的童工、缠足妇女或因饥饿或因体力不支，稍微表示点疲倦或晕倒在地，就被认为是假装而遭痛殴。冬天，日本监工则抓住工人的脖颈，放在冷水管下冲淋，直到鼻破血流，方才住手。工人长年累月受这样折磨，骨瘦如柴，特别是童工和女工。女工为了生活，怀孕之后不得不用绑带将肚子紧束起来，忍着痛苦进车间干活,正如当时工人哀叹的:"男怕结婚女怕嫁,怀孕失业吃什么……"许多女工为了挣这点低得可怜的工资,往往把出生的婴儿淹死在厕所里。凡此种种数不胜数,那时日本纱厂不啻人间地狱。

当时工人在睡梦中听到上工的汽笛,心里直发慌,就像"牛马被赶上磨坊一样的滋味""但凡有点吃的,也不在日本纱厂干活"。那时厂里拉三遍笛,才是整6点,但厂方却规定拉两遍(5点45分)就得进厂,否则就被关在大门外。有时工人苦苦哀求进厂,也要被扣罚工资(迟1分钟扣1小时的工资)。太平洋战争爆发以后,日本物资短缺就更加严重,粮食尤其匮乏。橡树是大片生长在东北深山老林里的一种植物,橡子原是狗熊吃的东西,人根本不能吃,吃了大便结干、坏肚子。1944年,当时纱厂的日本厂主竟然把橡子面硬发给工人顶粮食,叫人们掺和着吃。工人们连饭也吃不饱,当然容易生病。生了病得不到治疗,就面临着失业和死亡。尤其是传染病,简直使工人无法抵御,不幸染上那就悲惨了。我曾经听师傅、已故纱厂老工人孙玉芝说:"1939年,青岛伤寒病流传,在四方北山纱厂工人宿舍里,发现了伤寒,日本人立刻用石灰划了一个很大的圈子,禁止工人出入。一位姓程的纱厂女工全家6口,死得剩她姊妹2人;一位姓于的纱厂女工,哥、嫂和两个姐姐一家死了4口;一位纱厂女工感觉头痛,不由分说,就被日本鬼子拉出去活活烧死了。那时候在厂里干活,连鼻子也不敢捏,谁捏鼻子就说你是伤寒,让鬼子抓走,就是没病也没命了。"

二、纱厂工人的反抗

哪里有压迫，哪里就有反抗；压迫越深，反抗越烈。在日本侵略者军事占领和法西斯统治下，青岛纱厂工人处于奴隶地位，没有政治自由，实际上也没有生存的权利，被推到死亡线上，在苦难中煎熬。工人们要活命，要反抗，这是必然的。

当时纱厂工人反抗的主要方式是群众性的磨、偷、打、浪费等。

一磨，即磨洋工，是人们对怠工的俗称。上班时磨磨蹭蹭、懒懒洋洋，出工不出力，干活不出活。日本人在场一个样，日本人走了就另一个样。纱厂工人磨洋工的顺口溜是："上趟茅房（厕所）半点钟，提上裤子 10 分钟。"气得日本人后来把茅房的门都砸烂了。工人们在车间里瞅空就"开空车"（机器空转不出产品），日本人在外面听见机器轰隆隆响，进门就对工人伸出大拇指说："好好的！"纱厂女工摸准了日本监工进出的规律，趁他们不在车间的时候，大磨洋工骗日本人。尤其是夜班，日本监工总是在 9 点、12 点、3 点从办公室出来转一趟，查过后就回去睡大觉。女工们于是就派上"岗"，盯着日本监工的门，车间里大家就轮班睡觉，有的车空转；有的车当"代表"，开着应付充数。当值"岗"的看见日本人出来了，一声口哨或敲个什么，大家很快整整齐齐地站在车旁，机器飞转，马达轰鸣，鬼子也就放心而去。

二偷，即"偷"日本鬼子工厂的东西。不论生活用品，还是工具、器材、原料，有机会就下手，成为又一种普遍的反抗方式。"偷"的原因当然与日军殖民统治下生活极端困苦、为了养家糊口争取活命有直接关系。但工人们首先认为"偷"的是日本人的,所以流传着一种鲜明的爱国主义口号:"偷鬼子的(东西)不算偷。"这就划清了这种"偷"与通常的社会道德、刑事犯罪的"偷"的界限。

三打,即打鬼子,揍汉奸。日本人在厂里或工地上当监工,对工人任意打骂,直接统治,汉奸把头充当其耳目爪牙,卑鄙无耻,都是工人最为痛恨的。打,是原始式的报复。打日本人主要是在抗日战争后期,日本内外交困,日本人日益失掉威风,工人的胆子也就壮了起来,有人就挺身而出,为中国人出口气。到1945年,日本人气焰更低,中国人胆子更壮。日本监工到纱厂车间巡视,不知从哪儿就飞出个木管,打得日本鬼子哇哇直叫。车间里梭管、工具乱飞,问谁,谁也不承认,根本找不出是谁扔的。从此,吓得鬼子很少到车间了。

四浪费。对日本纱厂里的原材料,工人拿不回家就浪费,通常是大材小用、延误时间、增加消耗、弃之报废等。日本纱厂工人通常是开空车,或任花卷黏了、棉纱断了头也不管,机器坏了就停在那里,维修工人不催就不动弹,维修能糊弄就糊弄。给机器加油,故意把油眼外面弄得到处是油,油眼里面却没有油,使机器使用不长时间便坏了。机器打空转,使机件磨损加快,车间里停了一大片坏车。三四十年代青岛日商纱厂工人的反抗,由于当时历史条件的限制,没有明确的政治目的,缺乏组织领导。这种自发性的斗争,显示了纱厂工人的斗志,在一定程度上打击了日本侵略者的嚣张气焰。

出自《青岛文史资料第二十二辑》

| 陈少敏与青岛纺织的故事

曾繁铭

青岛是陈少敏的第二故乡，是陈少敏开始革命生活的摇篮。在青岛，党的培养教育使她走上了革命的征途，并作出了突出贡献。青岛解放后，陈少敏先后以中央特派员和中国纺织工会全国委员会主席的身份回到青岛。在她协助青岛市委工作期间，以纺织为突破口，帮助恢复生产，总结推广"郝建秀工作法"。为了弘扬陈少敏的高尚品德和光辉事迹，笔者在编修《青岛市纺织工业志》时，将搜集到的一些有关陈少敏的资料，整理成文，缅怀陈少敏，激励后来人。

一、纱厂学徒

1920 年，陈少敏的父亲病逝不久，她的哥哥、姐姐和妹妹也因无钱治病，相继离开人世。1921 年冬，陈少敏为了替母亲分担忧愁，带着几件破旧衣服和一点干粮，长途跋涉来到青岛，进了日本纱厂当纺织学徒工。日本资本家对中国工人的剥削和压迫是残酷的。陈少敏在工厂里，每天起早摸黑要干 12 小时以上，中间没有休息时间，吃饭不准关车。车间像蒸笼，渴了无水喝。上厕所要小跑,走慢了要遭工头和监工鞭打。晚上她和七八个姐妹挤在一间床上有床、床下有人、又阴暗又潮湿的屋子里睡觉。工人们每天的工资只有两三角钱,再经工头、监工之手克扣,发到工人手上的只够买几个窝窝头,刚能填饱自己的肚子,根本无力养活家庭。一次,她和几个姐妹在倒断头废棉纱时,被监工看见了,监工诬陷她倒的是好棉纱,劈头就打了陈少敏几个耳光,第二天还扣了她的工钱,并警告她说,如果再看到有这种事,就把她开除出厂。陈少敏和工人们对资本家的仇恨一天天在增加,越来越无法忍受这吃人的社会,恨不得一下子砸碎它!

1923年,中国共产党派邓恩铭到青岛开展革命工作,青岛市的一些工厂里开始有共产党的秘密活动。同年11月18日,中共济南地委书记王尽美来到青岛,与邓恩铭一起到四方机厂和纺织各纱厂开展工人运动,组织工会,办工人夜校,宣传俄国十月革命胜利的经验。陈少敏在革命思想的启发和影响下,很快成为工人活动中的积极分子。

1925年5月9日,青岛日商纱厂工人第一次同盟大罢工获得胜利。山东省委又派李慰农到青岛,继邓恩铭之后领导青岛党的工作。同月中旬,全国总工会副委员长刘少奇在傅书堂、伦克忠陪同下,来青岛视察工作。他听取了李慰农等关于青岛纱厂工人生活和罢工情况的汇报后,分析了国际国内形势,介绍了十月革命成功的经验,传达了第二次全国劳动大会的决定。刘少奇指出:"这里的工人格外苦,工人团结起来成立了工会。""工会是工人的台柱子,要把工人团结起来。动,大家一起动;停,大家一起停。"刘少奇的讲话极大地鼓舞了青岛工人的斗争意志。

1925 年 5 月 25 日，中共青岛市委领导的大康、内外棉、隆兴纱厂等企业的工人为反对日本厂资本家开除 50 多名工人骨干和摘掉工会牌子，举行了日商纱厂工人第二次同盟大罢工。胶澳商埠警察厅厅长陈韬在日本的压力下率军警 300 余人，先后闯入以上三纱厂，企图勒令解散工会。三纱厂工人按照工会事先部署一齐关车罢工，要求归还工会牌子。从午后 3 时至 9 时，陈韬所到之处，无不被愤怒的工人团团围住。工人高呼"你得了日本 5 万块钱，就来压迫我们""摘工会牌子，就是要我们的命"！陈韬被困 7 个小时不能脱身，只得将工会牌子还给工人。日本厂主见取缔工会失败，除以关厂停产相威胁外，还让日本驻华公使向北京临时政府外交部提出抗议。5 月 28 日，日本两艘驱逐舰由旅顺驶来青岛，停泊在前海，鸣炮数十发，扬言要以武力镇压日纱厂罢工工人。胶澳督办温树德屈服于日方压力，为镇压罢工工人，电呈山东督办张宗昌请示处理办法。张宗昌立即电复"有必要即可开枪"。5 月 29 日凌晨，温树德调动陆军、保安队、海军陆战队共 2 000 余人，包围了大康、内外棉、隆兴 3 个纱厂及工人宿舍，封闭了各厂工会，强令工人一律离厂。当海军陆战队在内外棉纱厂门前与罢工工人发生冲突时，即行开枪。在厂内小楼上的日本人也持手枪暗中向工人射击。结果死亡 8 人，重伤 17 人，轻伤无数，被捕 75 人。在这场斗争中，陈少敏和一批女工在厂内坚持罢工，反动派派士兵多次进厂搜捕屠杀，她和姐妹们被迫藏入棉花包中或躲入地道沟里。不少女工被搜出后，或遭枪杀，或被抛入海中，还有 3 000 多名被押解回原籍。陈少敏虽未被敌人搜出，但在反动当局要捉拿闹事者的黑名单中就有她的名字。

由于他们没有抓到什么证据，只好以"不守厂规，煽动闹事"的罪名把她赶出了工厂。中共青岛市委为保护这批工运骨干免遭敌人的杀害，把她秘密派到老家，在农村传播革命火种。

二、成立工会

1929 年，青岛的党组织因叛徒的出卖，遭到严重破坏。为了尽快恢复党的各级组织，继续进行斗争，党组织从各地选派了一些干部到青岛。陈少敏就是这个时候回到青岛的。为了工作安全与方便，陈少敏将自己的名字从原名孙肇修改为陈少敏。陈少敏在大港火车站附近租了一间民房住下，又在打蛋厂（华北酒精厂）找了工作，当了工人。她以该厂为据点，以工人身份为掩护，白天在车间里同工人一起劳动，晚上和节假日就到大英烟草公司和日本各纱厂一些工人家里串门，找工人和家属拉家常、交朋友，进行秘密的革命活动。她很快就站住了脚，打开了局面，联系团结了赵美真、赵秀兰、余金魁、周兰英、马玉琴、赵惠卿等一批工人积极分子；又通过这些积极分子把四方机厂、大英烟草公司、人力车夫以及日商各纱厂的部分工人发动起来，为成立工会组织，进行了深入细致的工作。据老工人赵秀兰回忆，1930 年春节期间，她和余金魁到住在台东三路的周兰英家里去拜年，进屋看到赵美珍、马玉琴等人也在，就在大家互相拜年的时候，陈少敏满脸堆着笑容，走进屋拜年来了。她问大家家里有什么人，做什么事，生活得怎么样，又问："你们一天干几个小时的工作？累不累？挣多少钱？"大家回答说："有活时一天干十二三个小时，有时还得加班加点；没有活时就停工。停工没有钱，可是加班加点却不给工钱。"顿时大家气涌心头，屋里的气氛马上变了，刚才有说有笑的人们，一下子变成哑然无声、个个愁眉苦脸了。陈少敏注意到大家顷刻间的变化，即开导说："咱们工人为什么世世代代都受苦？都受穷？"赵秀兰插嘴说："工人没有钱，没有本事，命不好，还能不受穷、受苦、受累？"陈少敏趁势问大家："那资本家的钱哪里来的？"大家异口同声地答："开工厂挣的！"陈接上问："你们为什么不开工厂挣钱？""我们没钱买机器！""资本家为什么有钱买机器？""是他们老子留下来的！""他老子的钱和机器又是从哪里来的？"大家你看我，我看你，回答不出来了。这时，陈少敏笑着说："你们这些说法都不对，人的穷不是命里注定的。资本家是靠剥削工人的劳动血汗钱发的财，工人是因为受剥削才没有吃的和穿的。'洋鬼子'剥削中国工人的方法更狠，所以，工人的痛苦更深。"陈少敏说明这些道理以后，又启发大家说："你们就这样甘心受'洋鬼子'压迫么？你们会说不甘心！所以你们拿机器出气，磨洋工，故意浪费原料。你们这么对待资本家是消极办法，工人只有成立工会，大家团结起来，形成一条心和他们斗争才有力量。""对！我们马上成立工会。"陈少敏说："这要看你们了，成立工会可不是说几句话就能办到的，再说仅仅只是我们这几个人也不行，还必须把绝大多数的工人都发动起来，这些工作不是一下就做完的，要一步一步来。你们商量一下，分头去串联，发动工人越多越好。和大家商量办工会的事，还得考虑好推选谁干工会。干工会的人要坚强，要热心为工人办事，作风要正派。"大家同声说："我们马上行动！"

经过陈少敏和大家的紧张准备,大英烟草公司的工会组织成立了。在成立大会上陈少敏作了重要讲话,她说:"工会成立了,暂时还是秘密的,等发展更多的会员以后,一切工作准备好了,就正式挂出工会的牌子,那时咱们有了开会、办公的地方,就有计划地开展工作。"工人们在陈少敏讲话的鼓舞下,更加紧了发动和组织工作,工会会员很快发展到800多人。同年8月15日,在东镇顺兴路18号挂出了"大英烟草公司工会筹备委员会"的牌子。马玉琴、周兰英、赵秀兰等分别担任了委员会的重要职务。

工会成立后,在召开的第一次委员会上,陈少敏和大家一起讨论,决定向英国资本家提出实行8小时工作制、增加工资、改善工人的劳动条件、废除搜身制等12条要求,并成立了由马玉琴等组成的谈判小组,和资方谈判。英国资本家迫于工人的合理斗争,答应每天减少1个小时的工作时间,加班加点时给每个人发两个馒头,每生产一箱烟工资增加到两角,女工生孩子有两个礼拜的产假,工资照发等。工会领导工人斗争胜利了。

三、特殊任务

1930年3月12日,中共中央派任国桢到青岛组建山东省委。青岛党组织根据当时青岛当局"没有家眷的单身男子不能租房居住"的规定,决定让陈少敏和任国桢扮成假夫妻组成一个家庭,作为省委机关。在任国桢还没到青岛之前,青岛市委唐汝贤等约陈少敏谈话:"少敏同志,市委给你一个特殊任务,希望你去完成。""好。"一向不怕任务重的陈少敏爽快地答应了,但她不知道什么任务,特殊在什么地方,便问:"唐书记,什么特殊任务？您快说。"唐汝贤向她宣布了市委的上述决定。一向大胆泼辣的陈少敏一听蒙了，一时不知说什么好，腼腆地低下头。唐汝贤又严肃地说："少敏同志，组织上知道你还是个姑娘，但考虑到党的需要，只好这样安排。作为一个共产党员，你应该以党的利益为重！"生性纯朴、一向坚持党的事业高于一切的陈少敏，战胜了羞涩和顾虑，点头同意了。

任国桢从上海坐船来到青岛，陈少敏在市委同志的陪同下将他接到家。由任国桢、张若臣、唐汝贤组成的中共山东临时省委机关，就隐蔽在陵县路2号大院东楼南头陈少敏和任国桢"夫妻"家里。陈少敏白天去打蛋厂做工，下班回来料理"家务"、接待"亲朋"。她干什么像什么，同院的大娘、大嫂们都夸她是个好"媳妇"。任国桢是个忘我工作的人，夜以继日地埋头工作，陈少敏看在眼里，佩服在心上。一天夜里，陈少敏醒来看到任国桢还在伏案工作，即起床，一边给任国桢整理写好的报告，一边催任国桢休息。任国桢见陈少敏两眼熬得通红，不由站了起来，扶住陈少敏的两肩说："你为我，白天到厂里做工，晚上还无微不至地照顾我，可我从来没问过你的饥饱冷暖，很对不起！我这个人毛病很多，你不要客气，提出来我一定认真改正。"慢慢地，两人在推心置腹交谈中，不知不觉相互产生了爱慕之心，陈少敏对任国桢的身心更关心了。任国桢在做省委工作的同时总会抽出一定的时间，与陈少敏一起深入四方机厂、四方和沧口两地的日本纱厂、大英烟草公司、人力车夫等产业工人聚集的地方，了解工人情况，向群众做宣传，提高工人觉悟，鼓励他们团结起来，与日本厂主和不法资本家斗争。经过一段时间的相处，陈少敏把任国桢看成革命的引路人和自己的良师益友,任国桢则把陈少敏视为党的忠实同志和自己的亲密战友。共同的志向、相互的关心,使两颗火热的心紧紧地连在一起。

四、组织家属请愿

陈少敏和任国桢结婚后不久,即组织了一场人力车夫大罢工并组织他们的家属到市政府请愿。当时,青岛市内公共汽车很少,主要交通工具靠人力车和马车。据资料统计,青岛全市有人力车行60余家,共有人力车2 000多辆,人力车夫却有5 000多名。人力车夫靠租车拉客维持生活。由于青岛的路坡度大,人力车夫很辛苦,所以车夫们说:"上坡嘴啃泥,下坡腚擦地,一趟拉下来,小褂拧出半斤水。"天天拼死拼活地干,每天只挣七八角钱,扣除三角伍分的租车费,再除去灯油费、洗车费,余下不到四角钱,常年过着"早喝汤,午吃糠,晚上空碗对月亮"的悲惨生活。狠心的车行老板还要增加车租,人力车夫实在无法活下去了。为了生存,1 000多名人力车夫于1930年7月21日举行了抗租罢工。他们到市政府请愿。市政府欺骗他们说,三天内答复。三天过去了,不仅没等来市政府的答复,租车费每天还提高了一角。车夫个个愤慨万分。中共青岛市委知道这一情况后,派陈少敏和市职工运动委员会负责人孙劲文去正确引导这次罢工。7月24日,陈少敏和孙劲文召集罢工车夫到郊外开会,号召工人团结一心,把斗争目标指向反对抬高车租,而不是公共汽车,并派人分头联系公交汽车工人和马车工人,争取他们参加联合罢工。会还没散,就被寻踪而来的保安队巡警包围了。陈少敏和孙劲文指挥工人迅速分散离去,但仍有 130 多名工人被捕。次日，100 多名工人自发到国民党市党部去请愿。市党部调来军警镇压，又有 80 多工人被捕。7 月 26 日，中共青岛市委职工运动委员会组织全市人力车、马车、汽车工人联合大罢工，全市交通立即瘫痪。国民党政府强迫工人复工，并派出大批军警，在人力车工人集居区，挨家挨户强拉工人复工。凡不出车的工人，就被捆绑带走，又有 100 多工人被抓进警察局监禁，前后历时七天的大罢工失败了。

面对这种严重情况，任国桢和陈少敏忧心如焚，都在考虑营救办法。陈少敏问："国桢，我们是不是应该发动家属进行请愿？"任国桢霍地站起来："好！这个办法好！这事就你、汝勤、文美三人负责，我去通知市委。你们要注意两条：一是尽量动员老小，以便争取社会各界人士的同情与支持；二是不达目的，决不收兵。"说完，转身走了。陈少敏赶到徐子兴家，正好董汝勤和李文美都在。她传达完任国桢的意见后，又研究了请愿措施和分工，然后确定了行动时间。陈少敏、董汝勤、李文美等分头到人力车工人居住集中的德平路南头，挨家挨户地进行发动工作。经过陈少敏、董汝勤、李文美等白天、晚上的动员，被抓人的家属都答应到市政府要人。

第二天早晨，陈少敏等带领数百名工人家属组成的请愿队伍，向市政府走去。队伍中有抱着啼哭婴儿的妇女，有拄着拐杖、牵着孙子、白发苍苍的老奶奶，有扶着孙女、双目失明的老爷爷，还有一群光着屁股、前后奔跑的孩子。这样一支七老八小、拖儿带女的请愿队伍，得到了社会各界人士的广泛同情，大家都为他们鸣不平。没有被捉工人的家属，一看这个场面也加入队伍里。一些围观的人群出于同情，也纷纷尾随在队伍后面。市政府门前的台阶上、马路上挤满了请愿的人群,把来往的路都堵塞了。人群中有喊的,有号啕大哭的,还有气愤的骂声、孩子的哭声,相互交织在一起,震撼着市政府大楼。"为什么抓我们家工人?你们讲不讲理?""还我儿子!""放了我爸爸!""我们要找市长讲理!"……市政府门前站岗的大兵,赶紧把大门关上了。市长从二楼玻璃窗里,看到这支老弱妇孺组成的请愿队伍,他既不敢镇压,也不敢出头,就派秘书出来敷衍:"你们快回家吧,不要上共产党分子的当!政府把问题审理清楚,就会放人的!"请愿家属一齐喊:"不放人我们坚决不走!"秘书气急败坏地说:"要不走,连你们也关进狱里。"家属们按照事前陈少敏的部署,顺势提出:"我们正没有饭吃,你把我们全抓进去;你们不放人,不减少车租,我们坚决不走!"秘书见劝说威胁都无效,只好退回去给市长汇报。这时,请愿家属一齐高喊:"不答应条件,我们今天就死在这里。"喊声、哭声、砸门声响成一团。市长在二楼上看到这种场面,怕再惹乱子,让秘书开门出去宣布:"市政府同意很快释放被捕人员,同意降低人力车租,在没释放车夫前,每户家属每天发四角钱,维持生活。"老人、孩子、妇女、围观人群一片欢呼:"请愿胜利了!"

五、再回青岛

1930 年 9 月 20 日,中共中央在上海召开了六届三中全会,纠正了李立三"左"倾冒险主义的错误。中共中央为了保存实力,有针对性地对一些暴露的干部进行了必要调动。同年 11 月底,中共北方局将任国桢、陈少敏调离青岛，赴北方局工作。陈少敏坐在驶往天津的火车上，从窗口望着万家灯火的青岛，心潮起伏，思绪万千。她对任国桢说："总有一天，我们会成为胜利者再回青岛！"

1949年6月2日，青岛解放。6月12日中央通知陈少敏以中共中央特派员的身份到青岛，协助中共青岛市委工作。月末陈少敏就搭上了开往青岛的列车。

青岛是陈少敏的第二故乡，也是陈少敏开始革命生活的摇篮。她在这里进行过长期战斗，党的教育和培养使她走上了革命征途；青岛有和她同命运、共患难的工人姐妹，有和她一起反对帝国主义压迫和剥削、并肩战斗过的战友，有和她一起战斗而已经为革命英勇牺牲了的无数革命先烈。今天革命胜利了，她重返离开近20年的故乡，心情非常激动。"陈大姐，您病愈才出医院，躺下休息一会儿吧。"同行的大于劝陈少敏说。"谢谢你，大于。我不累。"火车到了青岛站。陈少敏随着人流，徐徐走出车厢，就看见一大群人拥了过来。青岛市军管会、市委、市政府、市总工会、中纺青岛分公司等单位的负责人一齐拥了上来，抢着问候陈少敏。

陈少敏立即回身问大于："谁让你告诉这么多人的？净给人家添麻烦！"大于即解释说："陈大姐，我是按照您的要求，只通知了王伯泉同志。"王伯泉一看大于挨了批评，赶紧出来解释说："陈大姐，是我报告了市总工会、市委和军管会的，我们青岛来了中共中央委员，我敢不报告吗？"陈少敏这才笑着对大家说："你们都很忙，我是来工作的，也不是外宾来访，咱们就免了这套浪费时间的迎来送往。咱们今天说定了，以后再不要对我讲这些礼节，免除领导的陪同，让我自由到各处去活动、去工作。"陈少敏嘱咐与她同行的人员，和中纺青岛分公司的人一起先去工厂招待所，自己带着大于同军管会主任、市委书记向明一起直接去军管会和市委。向明劝她先休息一下，明天再工作，可陈少敏是个闲不住的人，哪里等得及，当天便一头扎进繁忙纷乱的工作中去了。

六、妥善解决政治性罢工

7月19日，陈少敏吃上药刚躺下休息，一个年轻的军人跑来报告："陈大姐，军管会急等您去开会，车在外面等着。"陈少敏问："出什么事了？""听说中纺四厂出事了，部队已经出动了。"年轻军人答。"啊？快走！"陈少敏拔腿就往外走。保健护士背上药箱，跟着陈少敏进了汽车。

"陈大姐，就等您了。中纺四厂部分工人罢工了！先听杨琳说说情况吧？"向明迎上去给陈少敏介绍说。"好。"两人说着进了会议室。陈少敏挥手让大家坐下，并招呼中纺四厂军代表杨琳给大家汇报情况。杨琳说："今天上午，听说织布车间有的工人关车了，我急忙赶去，刚走到细纱车间，看见门口围着一群工人往细纱车间里扔梭子，口里还大声喊着：关车！关车！快关车！共产党要扣回国民党撤走时的'应变费'，还要取消奖金！共产党肯定长不了，国民党还会回来的，谁给共产党干，国民党回来就杀掉谁……细纱车间的工人不听他们的，还抢出纱管砸织布工人。我立即上前劝阻，但根本无用，织布工人越来越多，双方的冲突也就越来越厉害。我怕这样下去会伤人了，便调来护厂军队，把闹得最凶的人抓起来了，才制止了事态的进一步发展。但织布车间里有一半多的工人停车走了。我们已经派出干部，分头到罢工工人家里做工作去了。"杨琳的话声刚落，市总工会的人就插上说："中纺五厂也有罢工迹象，工人们说，只要四厂罢工，我们也跟着罢。"这时，有人站起来说："为了制止事态的进一步恶化，我们必须动硬的！谁罢工就开除谁！罢工的人多了，干脆关厂，反正现在的棉花不够用。"立刻有人随声附和："抓出一批坏人来，把领头闹事的毙几个，就镇压下去了！"此时，有人站起来反驳："我反对！急着抓人，恐怕不好。这会火上浇油……"大家你一言我一语地讨论开了。向明看着陈少敏，露出先请陈少敏谈意见的目光。

陈少敏听着大家的发言，比较着两种不同意见的利弊，看到向明正注视着她，就站起说："同志们，青岛刚解放，暗里有潜伏下来的特务，也有没来得及逃跑的敌人，他们在暗地里造谣捣乱，煽动工人闹事，制造混乱，都会是暂时的。广大工人，也因为我们工作没做好，中了敌人煽惑口实的计，工人们对我们暂时还不了解，有些人听了他们的话，是不足为奇的。工人罢工闹事，我们不能急于抓人。如果急着抓人，就中了敌人的圈套，不仅解决不了问题，反而会使事态扩大。至于停工关厂，那就更不应该。关厂了，工人生活怎么办？我的具体意见：不但不能抓人，还要把抓的人马上放了。市和局的各位领导都要亲自深入基层，给工人上大课。马上组织一批干部，对重点部门的重点人进行家访，我们要向群众反复宣传党的政策，揭露敌人的谣言，深入细致地做思想工作，提高工人的觉悟。工人觉悟提高了，不仅不会再闹事，还能揭发出暗藏在后面造谣破坏的敌人。"停了一下,她接着说:"同志们,在座的大都是扛过枪、打过仗的老兵,但现在搞生产建设,这场仗和以前的仗打法不同,这场仗不是明枪明炮能打的,事情复杂得多。这是一场没有枪声的战争,要靠做细致的思想政治工作解决。"陈少敏讲完话,对向明打了招呼,回中纺九厂招待所休息去了,向明又征求了军管会和市委等在场其他领导同志的看法,见都没有什么意见,即定下来,按陈少敏的要求开始行动:杨琳回去放被抓的人,军管会、市委、市政府、市公安局、市委工业部等部门的领导,于次日分头到各厂去宣传党的政策。

7月22日早饭后,陈少敏脱掉军装,换上便服,叫上大于来到中纺四厂,见该厂工人正在开会,她和大于悄悄进了会场,在后面坐下,听市委工业部郎清荣讲话:"……现在国家的困难挺多,南方还在打仗,解放军在前方还在流血、牺牲。我们必须恢复生产,支援解放军。大家都知道,帝国主义封锁我们,海外的棉花运不进来。党中央关怀我们青岛的几万名纺织工人,从山东、河北、安徽等地调来棉花,我们再不坚持生产,能对得起国家对我们的关心吗?再说,如果我们停产了,我们几万工人吃什么?生活怎么办?有人说要扣回'应变费',这是没有影的事!共产党从来说话是算数的,说不扣就不扣。我们没有一个领导说过要扣,你们听谁说要扣的,那是造谣!"工人们听到这里,使劲鼓掌,有的工人还互相说:"人家说得对,只有恢复生产,我们的生活才有保障。"陈少敏看到工人们的表情,听到工人说好,知道郎清荣的讲话深入人心了,起身招呼大于悄悄地离开会场,又回中纺九厂了。中纺四厂织布车间的生产恢复了,一场没有枪声的战斗胜利了。

七、重视工程技术人员

1949 年 8 月 23 日，中纺青岛分公司召开会议，传达贯彻中共青岛市委"改造和建设新青岛"的任务。到会的有各纺织厂的军代表、党委书记和厂长。陈少敏参加了这次会议。当她看到会议桌两边，一边是有说有笑、穿军装的军代表和穿干部服的党委书记，另一边是穿西装、系领带、正襟危坐、面部拘谨的厂长时心里在想："中纺公司 13 个工厂，员工近 20 000 人，高级职员和技术人员 1 000 多名，军代表和厂长们这样格格不入，怎么能贯彻好党的'团结、教育、改造'方针，担负起领导生产、发展生产、建设新青岛的任务呢？"她决心散会时留下军代表和党委书记问话。

陈少敏问大家："刚才开会时，我看到你们和厂长他们居然分开坐，为什么？"在座的都是当年带兵打仗的老八路，个个心直口快。当听到陈少敏问话时都像"竹简倒豆子"似的一吐为快。"陈大姐，您没看人家那副西装革履、点头哈腰的酸溜溜样子，别扭！""是人家嫌我们衣服脏，不和我们一块坐！""和他们坐在一块没话说、不方便！"大家七嘴八舌，连珠炮似的把对留用厂长的对立情绪全都倒了出来。陈少敏过去带过兵、打过仗，对在座这些老八路的坦率性格是了解的，但当她想到党对旧职人员的"原职、原薪、原制度"和"团结、教育、改造"的政策必须执行时，她在心里一遍又一遍地重复着毛主席的教导："从我们接管城市的第一天起，我们的眼睛就要向着这个城市的生产事业的恢复和发展。""只有将城市的生产恢复起来和发展起来了……人民政权才能巩固起来。"必须说服这些军代表,主动接近厂长。她问:"你们谁懂生产技术?不懂生产技术怎么发展生产?"她见在场的军代表没一个人回答时,即提高了嗓门:"你们懂吗?要改造他们就必须先团结他们,你们连理都不理人家,怎么团结他们,又怎么改造他们呢?""人家脚蹬亮光皮鞋,身穿西服,脖子系领带这有什么不对?难道你们也要人家和我们一样穿粗布衣裳吗?共产党打天下、发展生产是让大家都过上好日子,等以后生产发展了,生活好了,我们一样会身上穿西装、脖子上系领带的。""他们一时信不过共产党,说我们是土八路、土包子,也很自然,是受国民党反动派宣传的影响嘛!人家要观望我们一段时间,也是可以理解的。只要我们团结他们,尊重他们,慢慢他们会信任我们的。""这些人有真才实学,不是草包,你们不能只看人家的外表!有对立情绪是做不好工作的。为了发展生产事业,老工人我们要依靠、要尊重!厂长和技术人员也要依靠、也要团结,不要只看人家还有资产阶级思想一面,还要看到人家有学问、懂技术、有管理生产本领的一面。改造旧青岛,搞生产建设,现在技术人员太少了!在座的对打仗、搞土改是内行,在农村扛锄头种地也能出大力,可搞生产建设谁懂技术?我们不依靠现有的技术人员,依靠谁?你们要尊重知识分子,依靠技术干部,给技术人员创造条件,把他们的技术和管理经验最大限度地发挥出来,为人民多作贡献。不要横挑鼻子竖挑眼地看不起人家,要学习他们的长处,把他们的生产积极性调动出来!谁要是还做不好,到时候我会过问的。"

9月3日，陈少敏又在中纺青岛分公司召开的各厂工程技术人员会议上讲了话。她说自己不懂纺织技术，但喜欢和研究技术的人员交朋友，因为技术人员直爽。技术人员为生产技术上的是非争得脸红脖子粗，但技术人员身上钩心斗角的习气很少。她在赞扬许多技术人员有爱国思想、懂技术、会管理生产的同时，也如实指出了技术人员在旧社会受到的不良影响，并指出了技术人员如何改造思想、如何进一步提高生产技术、如何发挥出更大作用的六条建议。她鼓励技术人员说："共产党是不会埋没人才的，英雄们会有用武之地的。对人民建设事业出大力的人，人民会给他更大回报的！"

陈少敏在以上两次会议上的讲话，在纺织各厂引起很大反响。各厂党委号召军代表和入城干部，利用厂长上课讲解纺织基本知识的机会，主动接近和团结技术人员，虚心学习技术和他们的长处；号召各厂高级职员和技术人员自觉放下昔日"留德、留日"的绅士架子，利用上课的机会，认真备课，通俗讲解，使军代表和入城干部听得懂、记得住。两方人员响应党委号召，都主动约对方在课间和课后到生产现场观摩和交流思想。一个上下团结、军民团结、干群团结搞生产的场面迅速展开了。

八、要为工人办实事

陈少敏为工人办了许多实事和好事。一是选址筹建纺织工人疗养院。1950年10月，陈少敏带领纺织工人积极响应中央突击生产棉纱的号召，全国纺织企业掀起了增产二十支纱的生产热潮，到11月底超额完成了任务。源源不断的棉纱不仅供应了市场,还有力打击了投机商人的囤积居奇。为此,中央财委给纺织工会发贺信,并嘉奖纺织工会全国委员会5亿元(旧币)人民币。陈少敏说:"这个荣誉是全体纺织工人挣来的……这笔钱要用在全体纺织工人身上。"经她提议,纺织工会全国委员会决定在青岛海滨为工人建一座疗养院。陈少敏亲自带人到青岛勘察、设计,并选址于面向大海、背靠湛山的43 500平方米空地。1952年3月15日,疗养院破土动工,同年8月15日竣工,建成两座三层休养楼(幸福楼和光荣楼)、一座办公楼和两幢职工宿舍,总建筑面积12 150平方米,建筑费和配套设备费共136.5亿元人民币(旧币)。

1952年8月15日,纺织工会全国委员会在纺织工人疗养院"光荣楼"门前举行了开幕典礼。陈少敏致开幕词,钱之光和史怀壁代表中央纺织工业部和劳动部到会讲话祝贺,郝建秀和杭佩兰代表劳动模范和来自全国纺织系统的288名第一批休养员在会上讲话,她们高兴地说:"我们做梦都没想到会有这样幸福的日子,我们一定要以纺好纱、织好布来报答中央政府对我们工人的关怀!"

二是让工人切身体会到社会主义好。1950年夏季,青岛天气格外热。当陈少敏听到青岛有几个纺织厂都发生了工人在车间晕倒的事故时,亲自赶到中纺一厂织布车间。她看到工人只穿着背心和裤衩,被满身的汗水湿得贴在身上;身上长满了痱子,沾满了花毛;双层玻璃窗关得严严实实的,喷雾器不停地喷洒着水汽。再看看挂在柱子上的温度计,温度竟升到了35℃。她问陪在身边的厂长:"老楼,你看工人在这种环境中干活行吗？你得采取措施把温度降下来！共产党是非常讲究实际的，我们不仅要教会工人唱社会主义好，还要让工人切身体会到社会主义就是好。""我知道这件事难办，你是留学德国的，你有水平闯过这一关。""明天，我同你一起召开有关技术人员参加的座谈会，由你带领他们解这道难题。"

在第二天的座谈会上，陈少敏开导说："你们都是技术上的'活神仙'，个个神通广大，你们一定有办法打破'湿度在80％和温度在35℃以下'不能织布的旧框框，既把温湿度降下来，又不影响产品的质量。"为激励技术人员大胆革新，她最后说："你们大胆地干吧！我做你们的后盾。"

1951年9月，中央拨款106亿元人民币（旧币）给青岛，作为各纺织厂增装通风降温设备资金。经过技术人员的多次实验，并采取了上轻浆等措施，各纺织厂的相对湿度降低了，车间温度也降到29℃以下。工人高兴地说："劳动解放了，车间成了天堂！""还是社会主义好！"

三是推广"自建公助"盖工人宿舍。青岛解放初，国家虽然拨款给各厂盖了许多房子，但仍有一些工人住在青岛解放前留下来的又潮又脏的平房里。一家几代人或挤在一铺大炕上，或挤在一间床上有床、床下是铺、满地睡人的窝棚内。解决工人住房困难成了陈少敏的一大心事。她在给中央写信推广青岛国营六厂"自建公助"解决工人住宅困难经验的同时，还到六厂进行实地察看，听取汇报，走访"自建公助"家庭。当她了解到有70％工人在银行有存款，希望政府帮助他们自建住宅时，即积极组织各厂工会协助行政统一筹措地皮、设计、备料和施工，所需费用除企业补贴一部分外，由申请盖房工人一次或分期偿还。据1955年统计，各厂工会协助行政盖起了十几万平方米的宿舍,为 2 500 多户职工解决了住房困难。工人搬进了宽敞明亮的私房后,遇到人就高兴地说:"共产党好!""新社会好!"

四是在唐公馆里办托儿所。办哺乳室解决女工给孩子喂奶问题是陈少敏为职工办的实事之一。1950 年春的一个星期天,陈少敏和中纺公司的军代表李竹平在中纺九厂职员宿舍的通道上散步时,被该厂厂长唐伯涛约去谈心。因陈少敏早有让唐厂长带头为工人办点实事的想法,于是以看望唐夫人为由,答应与李竹平谈完话即去。唐伯涛原是国民党政府花纱局的专员,1949 年 6 月调任中纺九厂厂长,住在职员宿舍隔壁的独院里。陈少敏推开院门,通过一条两边四季有绿、两季看花、砌着鹅卵石的弯曲通道,看见了隐蔽在绿树丛中的一幢二层白色小洋楼。工人们称它"唐公馆"。唐伯涛和夫人把陈少敏和李竹平引进客厅,没等主人让座,陈少敏即请唐夫人领她楼上楼下看了一遍"唐公馆"。回到客厅,陈少敏赞扬唐伯涛夫妇布置的房间高雅,处处透露着文化气息,但不奢华。她对唐说:"看了你的房子,使我想起了女工们给孩子喂奶,连间房子都没有,家里人把孩子抱到厂大门口等着,到喂奶时女工们跑出厂门,在露天里站着喂奶,风吹雨淋太阳晒,如果她们是你的亲人,你忍心吗?"唐伯涛是位思想敏锐的厂长,听到陈少敏的问话勾起了他的心思:"自己到中纺四五年了,工人见了自己总是躲开走,可她们见到陈少敏都那么亲热。是因为陈少敏关心她们,自己对职工的困难却不问不闻。"第二天,唐伯涛打电话告诉陈少敏,他和太太、女儿已经搬进了职员宿舍的三间房子里,那幢小楼让给厂里办托儿所了。陈少敏听了连声说："谢谢你唐厂长！你和太太为厂里女工们办了件好事！"在唐伯涛的带动下，许多纺织厂的厂长纷纷搬出了"厂长公馆"。腾出来的房子有的办了职工医院，有的办了托儿所，也有的办成了职工疗养院或工人俱乐部……

出自《青岛文史资料第十五辑》

范澄川在青岛 |

曾繁铭

　　范澄川，原名新度，字澄川，后以字行。湖南长沙人，生于 1896 年 10 月。1919 年于湖南工业专门学校肄业，考入上海宝兴长实业公司，在宝成第二纱厂当实习生。1921 年转入上海大华纱厂，后又转入上海申新第二纱厂。1925 年因病去职。次年国民革命军兴师北伐，范澄川前往参加，曾任武汉国民政府军委会参谋处宣传科长。1928 年在北平任电车公司车务课长。1933 年回湘任湖南公矿矿产营业处处长。1935 年 5 月，被湖南省政府任命为湖南第一纺织厂厂长。1937 年创办衡中纱厂，因抗战军兴未果。此间，范澄川往返于湘桂川三省，与友人合股，在湖南零陵、广西桂林、四川黔江、湖南挑源先后创办了面粉、无烟煤气炉、植物油裂化汽油及酒精等厂，并被推任重庆中国工矿建设公司总经理。1940 年至 1943 年，兼任川湘盐务处处长。1945 年 10 月应束云章（中国纺织建设公司总经理）电邀赴渝，被任命为中国纺织建设公司青岛分公司经理。1951 年改任华东纺织管理局青岛分局副局长。1953 年 3 月调中央纺织工业部任生产技术司顾问。1954—1957 年筹建纺织工业部纺织科学研究院，后任副院长。

1966年退休，1992年4月21日加入中国共产党，为我党历史上年龄最大的新党员。

1950年9月至1953年2月，范澄川先后被选为青岛市政协委员、市政协副主席，青岛市人委委员和山东省政府委员。1995年在北京病逝。

一、组建青岛分公司 接收日商纺织厂

1945年10月，范澄川就任中国纺织建设公司青岛分公司（以下简称"中纺青岛分公司"）经理，主持青岛日商纺织厂的接收工作。组建分公司接收日商9个纺织厂、1个机械厂、1个印染厂、1个针织厂、1个梭管厂等企业行政管理、技术人员至少千人。但因中纺上海、天津两个公司先青岛一步成立，吸收了我国大部分私营纺织厂游离出来的行政技术人员，轮到中纺青岛分公司建立时，就很难找到足额的适合人选。但范澄川想到青岛各纺织厂都是1937年沈鸿烈撤出青岛时炸毁、1938年日本在原址废墟上重新建立起来的，无论厂房建筑、机械设备水平等都是较高的，是一份宝贵财富。凭借这一事业本身的号召力和出于企业家的心态、爱国知识分子的心情，坚持"事在人为""强将手下无弱兵"的处事原则，范澄川从选择各纺织厂厂长入手，经过两个月的遴选，先后集中了楼震旦、唐伯涛、罗时察、赵致芳等70余人乘坐两架客机，于1946年1月13日由重庆飞抵青岛。按照范澄川的既定计划，有的人留在分公司，有的人分配到厂，既要做好接收工作，又要负责开工恢复生产，还要按照条件招收人员充实机构。人少事多，情况复杂，范澄川从容调度，积极策划，各项工作有条不紊

地进行。

1946年1月25日开始办理接收工作。因人员所限,先办理大康、内外棉和丰田三个日商纱厂的接收,其他厂则责成留厂日籍人员负责开工生产,由分公司派员驻厂监督。在办理大康纱厂的接收时,范澄川发现该厂细纱车间有几百件60支双股细线未入库。随身日语翻译告诉范澄川"这些线未入账,可由经理自由处理"。范澄川立即察觉出这是日方人员怕接收人员对他们挑剔而故意不入账作的贿赂。大康纱厂如此,其他厂也必然会这样。对日方来说是防患于未然,对接收人员来说是有损国格和公共财产的事,必须严正对待。范澄川随即回到公司召集各厂日本厂长开会,声明将所有"无账物资"申报出来,不准有丝毫隐匿;同时责成各接收厂的厂长组织人员全面清查,把所有"无账物资"另立清册,同其他接收物资一样,一并纳入登记,加以接收。3月初,范澄川待觅妥各厂厂长及足够的行政、技术人员后,又总结了前三个厂的接收经验,才开始陆续接收隆兴、上海、钟渊、宝来、富士、同兴等纱厂及瑞丰染厂、大信针织厂、丰田式铁厂、曾我木工厂等22个单位,并购4个单位,价值共约750亿元。在接收后统一命名为"中纺青岛第一至第九纺织厂"(11月被原厂主赎回,恢复青岛"华新"纱厂厂名),将瑞丰染厂命名为中纺青岛第一印染厂,将大信、和顺两个针织厂合并为中纺青岛第一针织厂,将丰田式铁厂命名为中纺青岛第一纺织机械厂,将曾我木、华北两个木管厂合并为中纺青岛第一梭管厂。之后,范澄川又抽调技术人员组成"废机整理组",将各厂积压的废旧机器进行修理,安装出6万纱锭,500台布机分送给各厂。

至 5 月底完成接收工作。各厂日本人除遴选几个技术水平较高的做顾问继续留用外，余均陆续遣返日本。

二、重视人才培养和技术管理

范澄川重视纺织管理和技术研究，有较为科学的管理规定和措施；注意吸纳众多的技术人才；重视搜集和整理日本长期在青岛经营所形成的管理技术基础，制定了各种制度与标准，形成中纺青岛分公司所具有的科学管理特色和技术力量优势，为青岛发展为全国纺织的支柱城市奠定了基础。

范澄川识才、爱才，用人唯才是举，在青岛先后团结了留日、留德等回国的博士及国内各类纺织工程技术人员 500 多名。他采纳副经理杨樾林的意见，在各纺织厂建立职工子弟小学 10 所（在校生 1 721 人），在各厂设立"工人业校"11 所，办文化补习班 25 个。至 1948 年，"工人业校"结业生 883 人、肄业生 303 人，文化补习班结业 934 人；在"工人业校"内办的技术进修班为各厂培养技术员 85 人。至该年末，青岛分公司系统职员扩充到 1 239 人，其中各类技术人员 538 人，占职员总数的 43.3%，大学及专科以上学历的 543 人，占职员总数的 43.8%；工人由 1949 年接收时的 5 000 人增至 20 000 多人。

为了把日本在青岛各纺织厂保密的设备特点和技术揭露出来以供技术人员参考，范澄川遴选 10 名优秀人员组成"特点研究室"，派杨思本深入各企业进行研究。研究人员按照"较简单机件""较复杂的装置或机器"

和"复杂的机器"三类进行剖解。对简单装置用照相图或简明小插图的方法,在图下指出作用和特点等文字说明;对复杂机器则采取另绘详细图样的手法,编成《附图册》。在《附图册》内更将各厂的机械装置、消防及水道系统、喷雾及暖气装置、灯光及线路配置等图插入。用时半年多,终编辑成册,取名《青岛中纺各厂设备之特点》。该书出版后,除分送外,还在上海《申报》登出广告,公诸全国,备受纺织界人士欢迎,纷纷来信或派人订购。范澄川还组织技术人员编辑出版了《中国纺织建设分公司青岛各纺织厂工务概况》《中国纺织建设公司青岛分公司章则汇编》,分别介绍了中纺青岛各厂的厂房建筑、机械设备、工厂设施、技术进步及各项制度和标准。中纺青岛分公司还出版了《青纺统计年报》《青纺三年》《青纺旬刊》《青纺半月刊》《青纺月刊》等书刊。这些书刊对青岛纺织技术的提高和发展都起了积极的推动作用,对今天人们研究青岛纺织的兴衰有极大的参考价值。

三、阻止南迁与护厂

1948 年 9 月 24 日济南解放,青岛处于战争紧张状态。青岛市内刮起一股"南迁风"。孤悬一隅的青岛国民党当局,深知青岛势必解放,因而策划将青岛的重要工厂、学校南迁,即由国民党第十一绥靖区司令下达通知,部署各部门、各单位将重要物资设备及技术人员迅速登记造册,限期呈报,以便划分轮船吨位装船南运。绥靖署交通处宋某找到范澄川查问拆迁工厂设备的行动,范澄川以"拆迁机器尚未找到合适人选""没买到足够木料和洋钉"为由,并反问宋:"拆迁一个厂的机器,至少要准备5 000吨的船只三四艘,中纺十几个厂要准备多少船只?"敌人一计未成又生一计,从1948年12月27日开始,将2万吨烈性炸药暗藏在南海岸一带,企图在撤退时将青岛的港口码头、发电厂、中纺各厂等市政设施炸成废墟。

为了保证城市不被破坏和完整地接管,党在主要依靠军事力量的同时,充分利用党在城市地下斗争中的力量。早在1946年1月,我党就把长期在白区从事秘密工作的地下党员王新元从国民党贵州企业公司转到中纺青岛分公司任副经理。1946年2月16日,王新元与青岛工委接上关系,并按照指示精神将毕中杰、刘泓等一批党的地下工作者安插在分公司及下属企业。这些地下党员在各自的岗位上利用国民党政权将工人"上不能养父母,下不能保妻儿"的事实宣传给群众。他们书写和印刷了大量宣传材料,其中有"约法八章""告同胞书""告市民书""告工友书"等针对性强的传单、讲话和信件,还有人民解放军不断取得胜利的消息等,将其投放到范澄川和中纺各厂厂长的住宅、办公单位。这些宣传品对瓦解敌人、安定员工的心,动员范澄川和各厂厂长、高级技术人员解除顾虑,放下思想包袱,积极投入反对"南迁"和保护工厂的斗争起了立竿见影的作用。范澄川和厂长们对国民党当局的倒行逆施早已心怀不满,经过地下党的宣传和动员,他们虽不知王新元的身份,但都能心照不宣地密切配合。范澄川以"防止散匪破坏工厂"为由,骗取了国民党当局的同意,与王新元以公司经理的合法名义,召开各厂厂长会议公开布置护厂任务。

范澄川在会上表示"动乱期间决不离开青岛,包括我84岁老母在内,哪里也不去""希望各厂厂长回去向职工表明决心,团结广大职工共同保护工厂,动员他们勿作他想"。从会后第三日起,范澄川轮流到中纺13个厂亲自登台向员工作动员报告,落实护厂任务,研究护厂细节,使护厂成为全体员工的集体行动。根据范、王两位经理的要求,各厂厂长回厂后,以"防止散匪破坏工厂"为由,以"保护工厂、保住铁饭碗"为口号,自任团长组成各自的护厂团,并制定出"规程"和实施办法。多数厂还购置了枪支弹药,平时分区把守、加强门禁,按时操练。一旦有警则由队长率护厂队员面迎破坏者:一是好言劝阻;二是若劝阻不听,可以酒肉相待或金钱"贿赂";三是再不奏效,则武力解决。如中纺一厂护厂队使用上述文武两手段,在敌人眼皮底下转移了4万多匹棉布。

范澄川组织中纺各厂的护厂活动,引起了绥靖司令刘安琪的注意。1949年2月8日和11日,刘安琪以担心范母及范澄川全家的安全为由,两次派员给范澄川送飞机票,动员范母和范澄川全家离开青岛去上海。因范澄川"你们既然不走,为什么逼我离开青岛"戳穿了敌人的阴谋,刘安琪对范澄川怀恨在心,准备对范澄川下毒手。我地下党为了麻痹敌人,通过解放区电台在晚间时事节目里广播了"青岛匪徒刘安琪等阴谋在逃窜前,炸毁青岛的工厂和各项建设,青岛中纺公司经理范澄川和他们沆瀣一气……"帮助范澄川解除了困境。从此,范澄川号召各厂护厂团队员,放弃假期,发给加倍工资,留厂值班护厂。

1949年4月20日南京解放。5月20日,范澄川被叛徒出卖,在刘安琪要对范澄川下毒手的关键时刻,我地下党将范澄川转移到中纺一厂机电车间楼上办公。范澄川通过电话与各厂护厂团和公司派驻各厂的队员保持联系,指挥护厂工作。5月28日,在国民党军撤走的前两天,敌人派出武装分子,出动汽车,开始抢劫纺织厂的布匹。范澄川以"死保机器和工厂设施为主",指令护厂队软硬兼施,延缓和阻滞了敌人抢劫。据事后统计,中纺各厂共被劫棉细布32万匹,厂房、机械和其他生产资料无丝毫损失,工程技术人员也保留了下来。

1949年6月2日青岛解放,中纺护厂取得胜利,中纺各厂完整无缺地回到了人民怀抱。

出自《青岛文史资料第十五辑》

中纺四厂护厂护校纪实 |

聂希文

　　高执中老师是我在青岛地区从事地下工作时的工作对象。开始,他在胶县瑞华学校任教。抗战开始后,我家去胶县避难,与他家相邻,他帮助我补习功课。他精通中国和世界地理,自订《世界知识》《生活杂志》等进步刊物。他的爱国热情和勤学精神,使我受到很大教益。我们便叫他在瑞华学校里向师生传播进步思想。之后,他来青岛在中纺四厂职工子弟学校先后任教务副主任、主任,我与他有了更多接触,常送些进步书籍给他阅读,使其政治觉悟逐步提高。

　　青岛解放前夕,高执中先生积极参加护厂护校斗争。最近我翻阅旧存的文史资料,在一篇中纺四厂《在解放前后护厂情形总报告》中提到了高执中等教职人员英勇斗争的事迹,引发了我深远的回忆。

　　报告中提到,从1949年5月26日晚起,校务主任聂玉章以及全体男职员谢冒益、高执中、王化南、王化棠、王述礼、刘泽彭、王泽浚、刘可宝和工友季庆春、王立杭、杨乃彬等12人分两组在工厂、学校轮流值班护校。学校仍坚持上课,到校学生约70%,直至月底局势紧迫才停课。6月2日晨七时至午后一时半，溃退的国民党军从海上向工厂开炮，共落炮弹十余枚，二年级乙班教室被炸毁，炸死工友及眷属张桂娥、吕俊义、李学瑞、段秀兰等5人，炸伤5人。我访问了高执中长子高蜀益，他回忆了父亲被炸伤的情景：当时他们躲在大教室的顶棚上，炮弹把房顶击塌，高执中怀里还抱着一个电子教学设备，一起被击落在地，受重伤，送市立医院抢救治疗十余天，高蜀益曾到医院探望父亲及其他受伤者。报告称"因员工上下一条心，协力合作……故仅经短时间之炮火即庆更生。所有此次护厂员工拟分别予以奖励……"在纪念青岛解放55周年之际，我把上述抄件亲送高执中的4个子女，让我们永记这段用生命和鲜血谱写的历史。高执中老师离世已三十余年了，我深深怀念他。

出自《青岛文史资料第十七辑》

青岛解放后的各棉纺厂 |

1949 年 6 月 2 日青岛解放。中国人民解放军青岛市军事管制委员会派员接管了中国纺织建设公司青岛分公司所属各厂，历经德、日帝国主义侵略和国内新旧军阀统治 52 年的青岛棉纺织工业终于回到了人民的怀抱，从此开始了她的历史新纪元。

青岛解放当日上午，市军事管制委员会即派柳云光、钟植为军代表接管中国纺织建设公司青岛分公司（以下简称"中纺青岛分公司"）。为了保证接管工作的顺利进行，军营会派陈超、杨承杰为中纺一厂军代表，李佐长、王均为中纺二厂军代表，李光远、杨权为中纺三厂军代表，马义生、杨琳为中纺四厂军代表，安军为中纺五厂军代表，统一领导接管工作，宣布接管政策与生产政策，并帮助各厂进行复工准备。

军管会接管时，中纺青岛分公司共有纺织厂 8 个以及机械、化工、针织、梭管、印染等 5 个厂，拥有纱锭 35.03 万枚、布机 7 360 台，员工达 2 万余人。除个别管理人员离厂外，其余全部留厂，并完好无损地将机器、物资（仅布匹被抢去一部分）、图表、档案、账目等保存了下来，移交军管会所有。派赴各厂军代表根据上级政策和员工思想情况，宣布了原职、原薪、原待遇不动的接管政策与生产政策，打消了部分职工怕失业的思想顾虑。6月3日、4日，各厂部分工人和全部管理人员到厂筹备复工。中纺三厂工人不顾疲劳用2天半时间抢修好被敌人炸毁的外门建筑，换好震碎的门窗玻璃。各厂动力部门工人都忙着擦、修发电机、锅炉。中纺二厂工人加班安装2部发电机，以增加发电量；铁工、木工等工人修缮、制造机器所需零件；纺织保全工人进行车间盘存、整理、清扫工作。各厂管理人员一边忙着筹划复工，一边赶制图表、清册准备移交。中纺青岛分公司各厂的职工子弟小学于5、6两日先后开课。

青岛的各大纱厂在临解放时，由于原料、燃料供应困难已经停工2个多月。1949年6月10日—17日，在青岛军管会的大力扶持帮助下，调运棉花3 000多包，煤炭7 500吨送往各厂，解决了各厂的原料和燃料供应问题。同时，广大纺织工人积极为工厂复工作准备，他们自愿加班加点，整理机器，清扫车间，检查电路，洗刷锅炉，盘存物资，用了不到一周的时间，各工厂的准备工作全部完毕。根据实际情况，按照"逐步开工，逐步恢复，稳步前进"的方针，中纺一、二厂于6月10日首先复工。17日—19日，中纺三、四、五厂相继开工。至此，中纺青岛分公司的四方5个棉纺厂全部恢复生产。由于四方的棉纺织企业和青岛市其他纺织企业一道迅速恢复了生产，所生产的棉布除了供应军需和上交给国家支援经济建设外，还保障了青岛市人民的衣被，稳定了物价，安定了民心。

出自《四方情愫：纺织》

郝建秀小组的故事 |

郝建秀小组

一、坚守郝建秀小组的优良传统

进入国棉六厂工作,我被分配到郝建秀小组。这之前,我对郝建秀小组并不是很了解,只是听说它是全国闻名的优秀班组。这之后,组里的前辈和老大姐们经常单独找我谈心,叮嘱我要好好干,不管是技术上、生产上,还是思想上,都要起到郝建秀小组的带头作用。老前辈们的关怀和教育,使我开始爱上了这个小组。父亲原本就是纺织厂的老职工,他也不断嘱咐我郝建秀小组是优秀班组,一定要好好干,给小组争光。我也就暗暗下定决心,一定要做好,不辜负老前辈对我的关心和爱护,不辜负父亲的教诲与期盼。

纺织工人的工作比较辛苦,要忍受车间的噪声和夏季的高温、高湿环境,工作时间要三班倒,工作量也特别大,忙起来连饭也顾不上吃,这些都属于正常情况。而在郝建秀小组,除了正常的工作之外,还有隔三岔五的加班加点和会议,很多年轻工人都坚持不了。我当时坚持了下来,这得感谢组里的老大姐们，是她们手把手地帮助和言传身教，才让我养成了埋头苦干、少说话、多做事的作风。细算起来，我从进入郝建秀小组到离开小组，整整30年，这30年让我受益良多，我见证了咱们纺织业的兴衰，也见证了郝建秀小组"火车头"精神的不断传承。

我在小组的30年中，郝建秀小组通过"走出去"的方法，先后到西北一棉赵梦桃小组，上海杨富珍、裔式娟等全国先进班组学习取经，互相交流，同时还请一些先进班组来小组传经送宝，比如在小组建组逢五和逢十的年份，就邀请全国一些先进人物和班组来青，借机学习他们的先进技术和班组管理经验。30年中，纺织业经历了颠覆式的变化，先是上班班次从四班改为三班，后来恢复为四班，这让人的生物钟受到影响，一时适应不过来。后来纺织业不景气的时候，特别是从1989年下半年起，整个纺织行业开始走下坡路，到1997年又赶上压锭减员，一下子压掉1万多纱锭，许多职工也下了岗。在这种形势下，小组成员尽管心情沉重，但毅然顶住压力，开拓前行。

我是在纺织业不太景气的时候接任的郝建秀小组组长。当领导找我谈话时，我就表示担子重、压力大，觉得自己担任郝建秀小组这个全国优秀班组的组长有些困难。我当时都三十七八岁了，希望领导能够培养一名年轻人接任组长，而我可以通过做好工会组长工作来帮衬新组长。但领导说非我不可，因为我在小组工作这么多年，了解小组成员以及方方面面的工作，没人比我更合适。想到厂领导的重托，想到老大姐们的叮嘱，我接任后便把全部的身心和精力投入小组的工作中。就这样，我在郝建

秀小组组长位置上一干就是 9 年。

为应对压锭生产带来的难题,厂里在产品方面积极作出调整:一是改变过去单一的纺织品种,增加更多新品种;二是以用户为主,用户需要什么,我们就纺什么。这样一来我们小组的 20 多台车经常要纺五六个品种,改车频繁了,工作量也增加了。但为了工厂效益与要求,我们顶住困难,义无反顾地挑起试纺新品种的担子,试纺成功后再推广到其他小组。期间纺过的大豆纤维、竹纤维等环保产品,为工厂创造了价值。

"郝建秀工作法"创立之初,经历了很多坎坷,郝大姐付出了很多。她创造的这套细纱车工值车法是非常科学有效的,可以说是新中国成立初期纺织工业技术革命的一大创举。按照这个工作法,工人就可以有条不紊地完成整套流程,工作起来得心应手,相对轻松。郝大姐通过实践创立的工作法,是实用的,是经得起考验的,直到现在仍有很强的指导意义。郝大姐的贡献以及郝大姐给小组带来的荣誉,尤其是在担任了更高级别的领导之后,郝大姐对小组的时刻牵挂,都是小组姐妹永远不会忘记的。

还有很多郝建秀小组的老组员、老前辈,也给我留下不可磨灭的印象。她们甘愿舍小家顾大家,为我们树立了榜样。我印象最深刻的杨美珍、郭爱珍两个大姐,都属于实干型,为小组的成长进步付出了太多太多,给我们留下了宝贵的经验。

现在我虽然退休了,但作为郝建秀小组曾经的一员,我仍要担当起传承郝建秀小组精神的责任与使命。我们要永远不忘纺织业的贡献,不忘郝建秀的业绩,不忘郝建秀小组的"火车头"精神,把以郝建秀小组为代

表的纺织人的精神世世代代传承下去。（盛桂兰口述）

二、弘扬新时代"火车头"精神

1990年，我进入了国棉六厂。第二年，我在全厂春季操作比武中获得第一名的好成绩。此时，正巧郝建秀小组要吸纳一名新员工，我凭着一股韧劲和优秀的操作技术，成为当时细纱车间145个人中唯一被选进郝建秀小组的员工。当时入选郝建秀小组的竞争很激烈，技术是第一位的，所以进入郝建秀小组对于技术的要求是很严格的。为了进入郝建秀小组，我们参选的所有员工都利用下班时间精进技术。

我当时对郝建秀小组并没有太多的了解，回家和父母说起即将进入郝建秀小组后，母亲告诉我郝建秀小组是一个优秀的团队，是纺织业的一面旗帜。从那时起，我开始了解和学习"郝建秀工作法"以及郝建秀小组团队的相关资料。随着时间的推移，我对郝建秀小组的历史和传统以及"郝建秀工作法"有了进一步的认识。

刚开始入厂时，我对纺织工作不是太满意，因为纺织厂一线车间工作环境差，噪声比较大。进入郝建秀小组后，我的师傅于秋梅察觉出我的想法，及时找我谈心，并带我去郝建秀小组陈列室，给我讲小组的发展史和老前辈无私奉献、拼搏创新的故事。当看到郝建秀同志代表全国纺织工人向毛主席敬酒的照片，看到小组一代代组员"舍小家为大家"的奉献精神，看到挂满墙壁的奖状、奖章时，我无比震撼，被深深地感动了。正是这一代代"爱纺织、多奉献"的纺织人的责任担当，才有了郝建秀小组的今天。从那时起,我决定要留在这个团队,有所创造、有所贡献。之后,我连续5年获得"岗位明星"称号。

2007年,经职工民主选举,我当选为郝建秀小组第九任组长,到现在,我在组长的位置上也干了10多年了。因为郝建秀小组是全国纺织业的一面旗帜,是一个行业的代表,所以在担任组长期间,我把小组的工作看得比什么都重要,而且付出了全部的身心。我的想法就是一定要让郝建秀小组的传统和精神在我这继续发扬光大。

我进厂的时候,组里的产品只有纯棉纱和涤纶纱两种。我当组长后,组里平均每个月的试纺新品种达400种以上。这是由根据用户需求而确立的"多品种、小批量"的生产经营方针决定的。当时细纱车间流行这样一种说法:"生产有困难找郝建秀小组,研发新品种找郝建秀小组。"所以我们郝建秀小组,最大的成就就是参与新品种的研发及新品种的试纺与推广。在新品种不断上机、新工艺不断改进的情况下,我们从中感受到了研发新品种的责任感和自豪感,并在技术部门的指导协助下,持续保持了高产,圆满完成了一项又一项的试纺任务。试纺过程中,遇到所有问题时,我们的经验都是作为第一手资料及时反馈给技术部门。新品种研发成功以后,再在全公司进行推广。

干过细纱车工的人都很烦改车,更何况我们小组一天要改10多个品种,一个月要改400多个品种。这给我们带来了很大压力,也使我们付出的劳动更多。以前小组纺一个品种时,相对简单,因为从第一台车到最后一台车都是一个品种。后来基本上一台车一个品种,无论是我们的值车工还是我们的落纱工，都需要注意力高度集中。你哪怕拿错一根管，做错一个步骤，都可能造成生产失误，会遭到客户的索赔。即使这样，我们也没被难倒。特别是在2012年，厂里引进了先进的JWF1520细纱机，可以自动落纱、无级变速，这些新技术对我和小组都是一个巨大的挑战，"我们不仅要做试纺的尖兵，更要做新技术的领跑者"。我向小组成员发起号召，主动请缨到长车区域，在技术人员安装设备的时候，大家就参与进去，利用业余时间向技术人员请教新设备的机械性能、工艺设定等方面的知识，对设备说明书进行仔细认真的研究，一步步熟悉设备操作技能。通过对纺纱锭速曲线的研究和优化，车速有了明显的提高。这种设备的车速极限一般都是14 000转，但我们在技术人员的指导下，把它提高到了16 000转，最高时达到17 400转，产量得到极大提升。

尽管品种不同、机械设备不同，但小组的白花率一直控制得很好，小组所有成员的白花率均控制在公司标准以下。即使在温湿度出现差异，纺花比较严重的情况下，我们也能根据不同的机型，设定清洁方法，这样可以减少断纺率和白花率。除了对白花率的高标准之外，我们对抓疵也很重视。按照公司规定，纯棉品种每个月的抓疵标准是50个，但是我们小组可以达到1 500到2 000个，这是因为小组整体技术好，她们在从容完成工作的同时，可以把更多的精力放在控制产品的质量上，一年下来每个人抓的疵点在3万个左右。

在抓技术、抓质量的同时，我们小组简朴节约的品质也一直得到传承。为节省物料消耗成本，我们经常利用下班时间、休息时间修补破损的纱包,自己动手制作清洁工具。这些清洁工具大部分是用竹签或者一些下脚料做成的,用起来得心应手,很是方便。可以说,我们小组使用的许多工具都是我们自己做的。

20 世纪 90 年代,纺织厂开始出现用工荒的问题,市内招工非常难,于是从 1992 年我们开始招收青岛周边城市的外来务工人员。当时,小组外来务工人员的带徒工作就由我来做,最多时我带了 7 个,不仅从工作上传帮带,还参与到她们的生活当中。组里的成员也都参与了一对一帮扶,从思想上、工作上、生活上关心她们、帮助她们、引导她们,过年过节会把她们请到自己家里来,一起度过节假日。到了中秋节的时候,还会带她们在青岛到处看看,游览市容。

全体组员都能感受到团队的温暖。我们团队不仅得到小组组员的认可,更得到组员家人的认可,这是因为我们把人文关怀作为整个小组管理的重要方法。在小组 70％的员工是外来务工人员的情况下,她们能留下来安心工作是非常不容易的,所以我认为,我们小组的人文管理是成功的、有效的,是能得到回报的管理方法。

2011 年,在青岛纺织业调整重组和转型升级中,我们所在的企业整体迁到山东枣庄市。根据这一变化,我们在小组的体制上也作了相应的调整,即把小组分为许多板块,一部分留在市纺织局的纺织科技公司和纺织博物馆内,主要任务是借助纺织博物馆之利,传承和弘扬郝建秀小组精神及"郝建秀工作法",并借助纺织科技公司的实力,在纺织新材料的应用和新产品的研发上发挥小组的品牌效应;另一部分在枣庄公司新成立郝建秀小组生产团队，主要任务是延续郝建秀小组创业创新的足迹，使郝建秀工作法得到应用和推广，并在多组分、差别化生产中继续发挥"火车头"的作用。

青岛纺织曾经享有"上青天"的美誉，又是青岛的母亲工业，如何让青岛纺织的历史、纺织工人的精神传承下去？我们的方法是利用纺织局的优势，在纺织博物馆中建起青岛纺织纤维科技馆，开办青少年研学项目，告诉孩子们纤维从哪里来到哪里去，棉花如何变成成衣，以引起孩子们的兴趣。同时，我们还与孩子们分享了纤维科技知识以及青岛纺织的历史。讲述青岛纺织历史时，我们让孩子们回家问爷爷奶奶、外公外婆以及周围的亲朋好友有没有干过纺织工人的，后期互动中，会让孩子们讲述自己亲人在车间的故事。在这个基础上，我们再给孩子们讲述纺织历史的发展，讲"郝建秀工作法"及郝建秀小组精神。最后，我们还带孩子们参与手工体验，给他们准备小围裙，让他们当织布工织一块布或一顶帽子，还会让他们体验扎染：把一条白色的围巾，通过一些颜色、一些创想，染成一条属于自己的独一无二的围巾。通过这些活动，孩子们从中获益，得到陶冶。

2012年，郝建秀小组成立60周年，郝大姐从北京到青岛参加庆典大会。特别令我感动的是，在6月8日的座谈会上，郝大姐讲完话从台上下来找到我，拉着我的手问小组团队怎么样，小组的成员怎么样，生产率是多少，白花率是多少。她还慰藉我："你辛苦了，这个团队交给你，我放心。"最让我感动的是郝大姐最后那句"我觉得特别对不起大家，因为我的名字

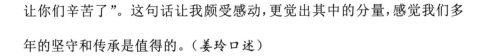

让你们辛苦了"。这句话让我颇受感动,更觉出其中的分量,感觉我们多年的坚守和传承是值得的。(姜玲口述)

三、继续发扬光大郝建秀工作法

我于 2008 年参加工作,是一名值车工。2016 年开始担任郝建秀小组组长。任职期间,我带领小组努力完成各项生产任务,2017 年被评为"枣庄市劳动模范",2018 年荣获"山东省轻纺工会五一劳动奖章"和"枣庄市五一劳动奖章",2020 年又获得了"枣庄市创新能手"的荣誉称号。

青纺联当初要在枣庄公司建工厂时,曾组织我们到青岛齐意公司进行过一段时间的培训。我当时就被分配在郝建秀小组所在的细纱车间学习,那时候我就已了解到郝建秀小组是全国纺织的标杆小组,是我们纺织人学习的榜样。2016 年,集团要将郝建秀小组生产组落户在枣庄公司时,我很期待,也很高兴。当公司领导找我谈话,让我先带领小组的时候,我感觉压力特别大,心里就像有一块大石头,担心自己胜任不了这份工作,因为我知道我接手的这个小组是全纺的一面旗帜,是全国的标杆小组。但面对领导的信任,我必须选择承担,带领小组全体组员继续传承小组的光荣传统,继续发挥"火车头"的作用。

郝建秀小组在枣庄的板块有 18 位组员,主要工作任务是继续研发新品种,生产多组分差别化产品,将"郝建秀工作法"发扬光大。从建立生产团队开始,我们就把加强操作练习、熟练"郝建秀工作法"放在第一位,无论是在班中还是班后,随时都能看到小组成员练兵的身影。在日常的工作中,大家都怕自己拖小组的后腿,个个干劲十足,组员们还掀起了"比、学、赶、帮、超"的热潮。我们每次试纺新品种时,车都特别难挡,我们小组成员就会聚在一起讨论,做试验、想办法。新品种只有在小组试纺成功以后,才能在全公司推广。现在我们组每个月试纺的新产品有400多种,这样的工作让我们很有成就感。

68年来,郝建秀小组在组长换了一任又一任、成员换了一茬又一茬的情况下,始终以发挥"火车头"作用、传承"火车头"精神为己任,创下了连续68载年年月月超额完成生产计划、试纺各种新品种的纪录。尤其是进入21世纪以来,在新旧动能转换的大背景下,郝建秀小组精心打造特色纺织、科技纺织、健康纺织。小组勇挑重担,拼搏创新,乐于奉献,争创一流,赋予了"火车头"精神新的时代特色。

尽管岁月变迁,但郝建秀小组的品牌和精神永远不变。全组组员在创新中发展,在无数个不可能完成的任务面前创造奇迹,将小组"火车头"精神发扬光大。我们在班组管理中始终坚持"四长五大员"民主管理制度,坚持班组管理民主化的光荣传统,通过实行"一治二管三培养"的管理体系,创立了"五二四工作法",形成了班组管理的系统机制,在小组建设中发挥了重要作用。郝建秀小组在枣庄已经运转了4年,在面临用工荒的情况时,我们根据公司的实际及公司管理方式的调整,坚持从政治、经济、精神等方面来激发组员的工作热情。在政治上我们注重党员培养。在经济上我们提倡多劳多得,让组员在工作中得到最大的实惠,从而激发组员刻苦练兵、提高操作技术水平的积极性。在精神上我们树典型,立标杆,使我们广大员工学有方向,干有目标,工作有劲头。

我的师傅姜玲是郝建秀小组第九任组长、全国劳动模范。2016年,根据集团调整重组、转型升级的部署,她毅然带领小组迁移到枣庄,组建生产团队,扎根枣庄奋斗了很长一段时间。她很快适应并融入枣庄当地环境,与员工同吃同住,跟着三班连轴转,还亲自选拔人员,建章立制,开展班组理念宣传活动。下班后,她还陪着大家练兵。业余时间她找组员谈心,组织大家一起去挖野菜,去她租住的房子,给大家包水饺吃。每次从青岛探亲回来,还给我们带很多当地特产。看到组里谁生活上有困难,她就会像老大姐一样去关心、去帮助。我虽然在工作中是个全能手,但是在管理方面缺乏经验,组织力、协调力不够,所以在每天的班前、班后会上,她都会鼓励我多发言,让我独立主持班前、班后会,督促我每天写会议记录,总结经验,查找不足。除此之外,她还督促我进一步了解和掌握郝建秀小组68年的成长史和班组建设的相关知识,然后让我给组员讲述。在她的鼓励和带领下,我逐渐学会如何管理好一支优秀的团队,并且得到了组员的认可和支持。

厂领导为郝建秀小组在枣庄继续繁荣发展作出了诸多努力。为了让小组每天的班前、班后会有个安静独立的环境,公司专门给我们单独设立了更衣室和会议室,并且创建了荣誉墙和职工书屋。公司领导还定期组织我们小组成员开展关键节点学习,每周让组员参加公司的座谈会、交流会,让我们了解公司的发展规划等。郝建秀小组生产板块迁移到枣庄期间又取得了许多优异的成绩,2018年获得了"山东省轻纺工会五一劳动奖章"，2019 年 12 月 30 日荣获全国最具影响力"新中国 70 年十大经典班组"的荣誉称号。一代人有一代人的使命，一代人有一代人的担当。我作为郝建秀小组的一分子，将继续传承并发扬郝建秀小组的精神。我们当前和今后的任务是虚心向全国同行学习，大胆创新，不断丰富和发展"郝建秀工作法"，更好地发挥模范带头作用。我一定会和小组的兄弟姐妹们一起爱岗敬业，勇于创新，拼搏奉献，把我们的企业发展好，为建设一支学习型、创新型、技能型的团队，为全国纺织行业作好表率，为推动纺织业的振兴再作贡献，从而实现我国从世界纺织大国走向世界纺织强国的梦想。

（许琳口述）

出自《青岛文史资料第二十四辑》

郝建秀小组综述 |

　　1952 年以来，以郝建秀之名命名的郝建秀小组虽然组长更换了一任又一任，成员换了一批又一批，但他们始终坚持底色不变、初心不改、情系纺织、追梦时代，凭着勇挑重担、拼搏创新、乐于奉献的"火车头"精神，创造了 72 年组员出勤率 100%（截至 2024 年）、连续 68 年月月超额完成生产计划（截至 2020 年）等一个又一个优异成绩，成为全国纺织行业的标杆小组、全国班组建设的一面旗帜，历经薪火相传，至今熠熠生辉。

　　1951 年，在国营青岛第六棉纺织厂（以下简称"国棉六厂"）召开的全面推广"郝建秀工作法"总结表彰大会上，细纱车间生产二组被评为"郝建秀工作法推广模范小组"。

　　1952 年"五一"前夕，在郝建秀的影响带动下，郝建秀所在的国棉六厂细纱生产二组在全国各行业开展的爱国增产节约运动中，带头向全国棉纺织厂的生产班组发出"为国家增产节约、增加财富"的倡议。至 6 月份，得到全国 457 个班组的响应，掀起了一个遍及全国纺织工业、影响全国各行各业的"红五月"劳动竞赛活动浪潮，大大推动了"郝建秀工作法"的全面推广。因郝建秀所在的国棉六厂细纱生产二组为新中国国民经济的恢复和发展作出了重大贡献，所以1952年5月被命名为"郝建秀小组"（以下简称"小组"）。

1953年8月，在纺织工业部和全国纺织工会召开的全国第一次纺织劳模大会上，小组被评为"模范小组"，国家纺织工业部授予小组"永远发挥火车头的作用"锦旗。

2013年11月，小组荣获"全国纺织班组建设卓越贡献奖"。

2019年12月30日，小组被评选为"新中国70年十大经典班组"。

小组的精神特质为"勇挑重担、拼搏创新、乐于奉献、争创一流"的"火车头"精神。小组的工作传统为"生产优质产品，培养优秀人才"。小组的工作观念为实现"四个转变"：由计划经济向市场经济转变的思想观念转变，由埋头苦干向智力拼搏转变的工作方向转变，由传统管理向目标管理转变的管理方式转变，由熟练保持向创新应用转变的技术水平转变。小组的技术、质量目标为"刻苦练兵，永葆一流"与"质量至上，精益求精"。

小组在工作中形成的特色生产文化有：开展革命传统教育（每个成员进入小组之后，先要进行"两史"教育，一是旧社会的苦难历史教育，二是小组的成长史教育）；倡导学习文化知识（为组员的业余文化学习创造条件）；推广"一帮一，一对红"（针对组内成员因新老交替等原因出现操作技术水平差距的情况，由组内技术好的成员帮助技术差的，手把手、心贴心地进行传帮带，既帮思想，又帮工作和生活，最后两人技术都达到优秀的组内全员提升技术过程）；不断总结推广新生产方法（总结并运用顶管接头法、落纱刺头生头法,在"郝建秀工作法"原有"四看"基础上,新增加"两看",创建新的"落纱关车法"等);制定"两好、三快"要求(接头质量好、换纱质量好,找头快、插管快、绕导纱钩快);开展"四练兵"活动(班前班后业余练、重点辅导个别练、新老工人结对练、落纱空隙交叉练)。

小组在工作中创立的特色管理文化有:"四长五大员"民主管理制度(小组内设立生产组长、工会组长、党小组长、团小组长这"四长"以及政治宣传员、计划员、质量员、经济核算员、安全卫生员这"五大员",每人各自负责相关业务);"四会"制度(每天的班前(后)会、每周的党团骨干会、每月的生产思想分析会、每季的民主生活会);"四访"制度(思想出现问题必访、家庭遇到困难必访、工作出现波动必访、职工身体有病必访);"一制、二管、三培养"管理体系("一制"即实行联产量、联质量、联消耗、联安全、联管理为主的五联经济责任制,把各项指标落实到五个大员组,使每个大员组都紧扣小组的五项指标要求开展工作;"二管"即实行表格化管理和全面质量管理,对每个人的工作实行"六定"即定岗位、定指标、定操作、定规程、定检查、定考核,使小组管理工作不仅有定性分析,而且有明确的定量标准;"三培养"即培养提高全组员工的文化、技术和管理素质);"四个一次"制度(每天班后一次质量讲评,每周一次质量达标成绩公布,每月一次质量总结评比,每季一次生产分析会);"五二四"班组工作法(一天当中抓"五看",即看情绪、看干劲、看食欲、看态度、看成绩;一月当中抓"两头",即月初抓计划贯彻、月底抓指标完成;一年当中抓四季,即春秋季节劳动强度小,重点组织大家开展学习、活动,夏季高温高湿工作难度大、强度高，重点加强走访谈心，帮助职工解决实际困难，冬季搞好总评，总结本年度的成绩与不足，为下一年度打好基础）。

小组始终坚持"勇挑重担、拼搏创新、乐于奉献、争创一流"的"火车头"精神，影响了一代又一代纺织人，成为全国纺织系统一张永不褪色的名片，对我国的工业生产与管理工作产生了重要影响。具体影响如下。

一是推动生产班组建设。截至 2020 年，小组在生产上连续 68 年月月超额完成生产计划。自建组以来，小组在市、省、全国纺织业的历次劳动竞赛、产量质量竞赛中，都充当着发起者、倡导者和示范者的角色，带出了一大批"郝建秀小组式班组"。

二是丰富发展"郝建秀工作法"。结合新的生产工作实际，开发出轻挑接头法等新技术，丰富和发展了"郝建秀工作法"。

三是创建优秀管理制度。小组创立的适合班组工作的"四长五大员""四会""四访""五二四"等班组管理工作法和一整套思想政治工作制度在全国基层班组当中产生了很大的影响。

四是培养优秀人才。小组先后培养出干部及技术骨干近 300 人。

五是推动纺织生产转型升级。小组为棉纺集团荣获全国纺织行业唯一的多组分差别化纤维生产基地和多组分纱布精品基地作出了突出贡献。

"郝建秀工作法"综述 |

"郝建秀工作法"推动了全国纺织技术的提高，促进了纺织生产的发展，为全国增产节约运动作出了巨大贡献，也为新中国的纺织工业作出了历史性的贡献。

1949 年 11 月，15 岁的郝建秀考入国营青岛第六棉纺织厂（以下简称"国棉六厂"），3 个月期满后定为正式细纱甲班值车工。作为新中国第一代纺织工人，郝建秀凭着一股不服输的劲儿，紧抓细纱生产工作最主要环节，摸索出一套改进纺织生产技术的"细纱工作法"，连续 7 个月始终保持着 0.25％的平均白花率，创出了全国纺织工业的最好成绩。

1950 年，在以增产节约为主要内容的"红五月"生产劳动竞赛活动中，郝建秀以优异成绩初露锋芒，引起了领导和工人们的注意。

1951 年 2 月，山东省工矿企业检查团到青岛检查工作，认为郝建秀少出白花的操作法应被重视、加以研究，并积极推广。

1951 年 3 月，国棉六厂开始总结郝建秀的工作法，初步提出了"三勤、三快"（眼要勤看、快看，腿要勤跑、快跑，手要勤清洁、快接头）的基本做法。

1951年6月，中国纺织工会全国委员会与青岛市总工会等部门联合组织了"郝建秀工作法研究委员会"（以下简称"委员会"），研究与总结郝建秀的经验。委员会由中国纺织工会全国委员会牵头，由有关部门干部、专家、技术人员及劳动模范等共17人组成，对郝建秀的工作法进行全面总结。委员会的全体成员先观察郝建秀的值车操作，再分别对郝建秀工作过程中的接头动作、接头时间、清洁时间、清洁动作、动作顺序进行研究与测定。经过反复调研，郝建秀少出白花的经验被归纳总结出来了：规范巡回路线；工作主动，有规律、有计划、有预见性；人支配机器而不是机器支配人，按照一定的规律工作，一切争取主动；生产合理化，按轻重缓急合理分配工作时间，把几种工作（如处理断头、换粗砂、清洁工作）有条理地结合起来做，提高工作效率；按高标准做好清洁工作，从钢领板的清洁到罗拉架的清洁，从车挡地面的清洁到粗纱面的清洁，每一项都不漏，也不图省事，减少纱疵，提高质量。同时，郝建秀在生产过程中表现出端正、认真的劳动态度；虚心学习，肯动脑筋提高技术；工作有计划，善于分配劳动时间，能分轻重缓急进行操作；不浪费劳动时间与劳动力，做到一切以减少断头为中心，以少出皮辊花为目的。这些都是促成郝建秀细纱操作具体方法的深层经验。

1951年8月，纺织工业部和全国纺织工会在青岛联合召开细纱职工代表会议。在这次会议上，"郝建秀细纱工作法"被正式命名为"郝建秀工作法"，并决定在全国推广。

"郝建秀工作法"是全国工业战线的第一个著名工作法，引起了各方

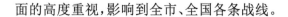

面的高度重视,影响到全市、全国各条战线。

一、推动纺织生产的发展

首先,"郝建秀工作法"在全国纺织行业的大力推广,整体上降低了白花率,按当时的物价计算,每年可为国家增产棉纱 4 万多件,超额利润足以购买 68 架战斗机。

其次,掀起了前所未有的学习纺织技术的高潮,促进了新的纺织生产方法("扫车工作法""接头巡回操作法""摇纱操作法"等)、机械("大裁机""扫皮圈机""割胶机"等)的诞生,先后有 79 位细纱工白花率打破了郝建秀的纪录,用于生产的机械性能提高 235%。

同时,总结"郝建秀工作法"的过程为纺织工业部门总结各种工作法提供了范例。在推广"郝建秀工作法"的过程中,还总结与推广了"五一织布法""五三保全法"等一批新工作法。

二、掀起全市纺织系统学习热潮

1951 年 7 月,中共青岛市委召开研究推广"郝建秀工作法"专门会议,号召在全市各行各业掀起一个普遍学习、推广"郝建秀工作法"的热潮。经过学习,青岛纺织机械厂刘同谐小组创造了循环工作法,使生产效率提高一倍多;青岛发电厂在检修锅炉中应用了快速检修法收到显著成效,获得华东电业管理局的通报表扬……这些新的生产方法提高了劳动效率,大大减轻了工人的劳动强度。

"郝建秀工作法"作为青岛工业战线上的一面旗帜,促使一大批战斗在生产第一线的英雄模范人物纷纷涌现。

三、推动全国工人争优,提高劳动生产率

推广"郝建秀工作法"之后,全国开展了评选"郝建秀式先进个人"的活动。活动中,工人的劳动效率、生产技术水平得到了大幅度提高,并涌现出赵梦桃等一大批先进人物。评优活动的开展,极大调动了工人的劳动积极性,带动了全国劳动生产率的提升。

陈少敏(右一)向细纱操作能手讲述"郝建秀工作法"的意义

1951年郝建秀向小组姐妹讲解她的细纱工作法

"红五月"劳动竞赛 |

新中国成立初期,青岛纺织工业虽然很快恢复了生产,但企业管理还不能适应社会主义生产方式的需要,管理水平也比较低。为把旧的管理方法改变为科学的社会主义管理方法,企业进行了民主改革、生产改革和经营改革。

1950年3月,青岛市首次工会会员代表大会发出"全市工人阶级要积极生产,降低成本,克服困难,保证完成和超额完成生产计划"的号召。青岛市总工会根据形势发展,作出开展"红五月"劳动竞赛运动的决定,向全市职工发出了号召。

1950年,青岛纺织业响应市总工会的号召,开展了以增产节约为主要内容的"红五月"生产劳动竞赛活动。各棉纺织厂细纱车间对值车工生产的皮辊花实行按机台、按人分别过磅,逐月进行记录,作为考核轮班、个人成绩的依据。这项制度的实施,对提高劳动生产率,改善成纱质量,节约人力、物力都起了积极的推动作用。

"红五月"劳动竞赛运动的中心和目标就是增加生产。四方各棉纺织厂从4月中旬起,确定以"维修设备、改进机器、节约物料、加强协作、生产互助"等为内容，发起在个人之间、小组之间或车间之间的竞赛，以至向外厂、外地同行业发起挑战。活动开始后，各厂迅速形成了厂内厂外谈生产、议竞赛、你追我赶、奋勇争先的热烈场面，新成绩不断出现，产量逐月增加。竞赛运动中，广大职工大干苦干，发挥了集体力量，涌现出一批优胜小组，对增加生产和厉行节约起了带头和榜样作用。如国棉四厂黄德杰小组是闻名全市的模范小组。而国棉六厂细纱车间甲班第三组的值车工郝建秀以优异成绩初露锋芒。她每天出的白花最多为6两，最少2两，连续7个月平均皮辊花率仅0.25%，而当时全国的平均水平是1.5%，郝建秀出皮辊花率仅为全国平均水平的1/6，引起了厂内领导和工人们的注意。

出自《四方情愫：纺织》

纺织厂的业余文化生活 |

新中国成立前,纱厂工人每天工作 12 个小时,繁重的体力劳动加上营养不良,使得人人无精打采,少有心思进行娱乐和体育活动。新中国成立后,棉纺厂实行了 8 小时工作制,劳动强度减轻了,业余时间也有了。四方各棉纺织厂重新组建了职工俱乐部,建立了图书室和图书阅览室,给职工提供了人文社科和自然科学等各种书籍在业余时间借阅。

从 1952 年开始,四方各棉纺织厂建立了"广播站",每天 4 次向职工广播企业新闻等国际国内重大消息。有的工厂购置了电影机,每逢重大节日给职工放映各种电影。

从 20 世纪 50 年代开始,各棉纺织厂陆续成立了各种形式的演出队,有剧团文艺宣传队、演出小组等,组织工人业余时间开展文艺活动。当年演出活动很火热,工人演员很多,演出了许多工人喜闻乐见的节目,像京剧、吕剧、柳腔、话剧和踩高跷、跑旱船、耍龙灯等民间传统节目。纺织工人的业余文化队还经常参加局、市组织的职工文艺汇演,并取得了不错的成绩。从 1980 年开始,文艺活动增加了时代歌曲、现代舞等节目。从 1985 年开始,卡拉 OK、轻音乐、交谊舞流行歌曲逐渐盛行起来。

　　新中国成立前，工厂不关心职工的身体健康，也不组织工人进行体育活动，大部分工人为了养家糊口也没有时间和精力进行体育活动，只有个别年轻工人为了有个健康的身体，到国术馆去练拳。新中国成立后，从1950年10月开始，纺织厂的工会组织职工响应市政府"踊跃参加新民主主义国民体育"的号召，参加体育活动的工人开始增多，并占到了全厂职工人数的25%左右。篮球、排球深受工人喜爱，各厂组织的篮球队、排球队水平很高，经常相互之间进行友谊比赛。1956年，各厂开始盛行工间操，很多工人既是体育骨干，又是生产能手。1965年7月以后，游泳活动、乒乓球也很普及，工厂年年组织职工参加青岛纺织局组织的职工运动会，并取得了傲人的成绩。1975年，为响应市总工会"学上海、赶无锡"的号召，各纺织厂开展"三拳一操"活动，吸引了广大职工积极参与。

出自《四方情愫：纺织》

李沧区老棉纺织厂的文化故事 |

曲海波

历史上位于李沧区沔阳路 1 号的同兴纱厂，全称是"同兴纺绩株式会社青岛工场"，总厂设在上海市杨树浦路。工厂始建于 1935 年 7 月，初建时占地 35 万平方米。1937 年 12 月 18 日，国民党军队在撤离青岛时将该厂炸毁。1938 年 1 月，日本第二次侵占青岛后，重修同兴纱厂。1945 年 8 月 15 日日本投降后，该厂由中国纺织建设公司青岛分公司接收，同兴纱厂改名为"青岛中纺九厂"。1949 年 6 月 2 日青岛解放后，该厂定名为"国营青岛第八棉纺织厂"（以下简称"国棉八厂"）。

新中国成立后，国棉八厂在注意抓好各项生产建设的同时，也注重丰富职工的业余文化生活。1952 年初，在厂工会的组织领导下，厂里成立了一支演职员全部由本厂职工组成的文艺演出队。文艺演出队成立后排演的第一个节目就是歌剧《白毛女》。当时，文艺演出队从沧口文化馆请来专业老师辅导排练，这些奋战在纺织一线的普通工人，平日在工作中一丝不苟，同样，跟文化馆的老师学戏，一招一式也毫不含糊，学得特别认真。青岛解放初期，纺织工业的生产处于恢复发展的紧要时期，国棉八厂生产是三班周转，工人们特别辛苦。但是，参加文艺演出队的职工演员为了打响"头一炮"，都憋足一股劲，牺牲下班后难得的休息时间，坚持在厂职工食堂内排戏。功夫不负有心人，歌剧《白毛女》经过文艺演出队全体演职员的努力，在短短几个月的时间里，从学习歌剧演唱基本发音技法、分配角色，到熟悉剧本和熟记唱词、台词对白，经过几次彩排后一气呵成。1952年的春末夏初之际，一出完整的歌剧《白毛女》在国棉八厂的职工食堂大厅启幕上演。演出过程中，"喜儿"的饰演者纺织女工杨希芬、"黄世仁"的饰演者国棉八厂厂办秘书姚家熙，以及"杨白劳""大春"等角色的饰演者们认真地演出、真情地投入，不是专业演员，胜似专业演员，博得了职工们的阵阵掌声，为全厂职工带来了一场较高水准的艺术享受。

国棉八厂排演的歌剧《白毛女》在本厂首场演出成功后，一发不可收，每到周六下班后，厂职工食堂大厅就撤掉桌椅板凳，腾出场地，为全厂职工倾情演出。每到这时候，工人们像过节一样，成群结队，纷至沓来，常常将食堂挤得满满的。渐渐地，岛城其他工厂、机关、部队负责文化宣传的同行，得知国棉八厂的歌剧《白毛女》演得非常好，便纷纷来厂观摩演出。他们在观看后，纷纷称赞名不虚传，争相邀请文艺演出队到他们的单位去演出。从1952年到1956年，国棉八厂的歌剧《白毛女》先后在位于沧口广德路1号的"明月戏院"、橡胶二厂、国棉六厂，以及海军北海舰队驻青各基层部队巡回演出。演员们扎实的演技和让人潸然泪下的演绎，引起了广大观众的情感共鸣。这种自娱自乐、自我教育的形式,受到市纺织工会和市总工会领导的重视,并在全市各工厂企业中大力推广。

国棉八厂除了《白毛女》享誉岛城外,还组织有京剧、柳腔演出队,深入车间和兄弟单位演出。当时在京剧演出队里唱主角的是职工林玉林,因为他艺术功底较深厚、唱功精湛,后来被选调到烟台京剧团工作。现在,青岛一些棉纺织工厂的老退休工人,回忆起当年观看国棉八厂歌剧《白毛女》的场面和感受,都津津乐道。

历史上位于今青岛市李沧区四流中路 46 号的钟渊纱厂,是由日本钟渊纺绩株式会社在青岛开设的纺织厂,始建于 1921 年,1923 年 4 月开工投产。1937 年 12 月 18 日,国民党军队撤退前将钟渊纱厂炸毁。1938 年 1 月,日本第二次侵占青岛后,重修钟渊纱厂。日本投降后,该厂由中国纺织建设公司青岛分公司接收,更名为"青岛中纺六厂",1949 年 6 月 2 日青岛解放,该厂定名为"国营青岛第六棉纺织厂"(以下简称"国棉六厂")。

新中国成立后,国棉六厂不但创造了闻名全国的"郝建秀工作法""五三保全工作法",而且文化建设也走在前列。1953 年 7 月,厂工会专门成立了国棉六厂俱乐部管理委员会,委员会下设有讲座组、美术组、体育组、音乐组、创作组、曲艺组、京剧组、图书管理组等 11 个分组织。俱乐部每一时期的活动,都在厂党委宣传部和厂工会宣传委员会的领导下,根据厂里的中心任务和车间的实际情况,按月制订出工作计划来进行。俱乐部讲座组先后组织了多次讲座会,向职工进行政治、生产技术和文化方向的教育。每到开讲座会的时间,听讲座的职工都早早地来到工会俱乐部的教室。在老师讲课过程中,工人们认真地记笔记,针对生产中的技术难题,纷纷向老师提问题,寻求解决的办法。讲座对提高工人们的生产技术水平、开展工人之间的技术交流、促进全厂生产起到了积极的推动作用,也极大地丰富了全厂职工的业余文化生活。体育组成立伊始,就积极在全厂职工中普及广播体操,按照生产时间安排,灵活机动地规定了各生产车间和所属生产班组做广播体操的时间,并通过黑板报等各种宣传形式介绍做广播体操的好处。按照季节的不同,体育组组织职工开展的春天郊外旅行、爬山夺红旗,夏天游泳和冬天足球比赛等活动都有声有色。美术组则是运用绘画和黑板报等美术形式,适时地向职工宣传党的路线方针政策以及厂部各项工作的报道。美术组在进行工作前,每个成员都先学习有关的宣传材料,并深入各个生产车间,选取创作素材,汲取创作灵感,体现来源于生活、创作于生活的宣传宗旨。在此基础上,结合宣传材料,确定绘画主题,采取集体创作与模仿画刊相结合的方法,组织画面。每推出一期宣传画专栏,职工们都驻足细读,针对宣传画中的主题展开热烈讨论,收到了很好的效果。

俱乐部组织职工排演的歌剧《刘胡兰》在岛城也小有名气,演出队经常到岛城各兄弟棉纺织厂演出。俱乐部开展的这些有益的文化娱乐活动,寓教于乐,吸引了广大职工的积极参与,既陶冶了情操,又促进了生产。

回眸李沧区老纺织企业历史沧海中的一些文化逸事,虽然只是一些片段,但是从一个侧面为我们展现了青岛纺织企业的文化风貌,在青岛城市文化发展史上留下了深深的印记。

出自《青岛文史资料第十七辑》

| 我们的纺织记忆

毕淑荣

1969年，我踏入了青岛国棉三厂，开始了长达数十年的纺织厂生涯。那时候社会和经济结构都在发生剧烈变化，纺织厂不仅是我工作的地方，也是我人生的一个重要组成。回顾这段岁月，工厂的每个角落都承载着无数记忆。纺织行业是轻工业的支柱之一，我也很荣幸能成为其中一分子。

我记得初到三厂时，工厂里非常忙，气氛紧张又忙碌。每天早晨五点钟，我就得起床，赶车去厂里。尽管环境陌生，但我很快适应了这里的工作节奏。我进的是财务部门，负责工厂的财务核算和工资发放。这是一个责任重大、工作烦琐的职位，每一个环节都让我深刻感受到当时工厂运营的严谨与精确。

在那个年代，纺织厂的工作不仅仅是体力劳动，更是一种精神上的历练。尤其是对于我们这些女工，家庭与工作的双重压力常常让人感到疲惫。白天上班，晚上回家照顾家庭，几乎没有自己的时间。即使这样，大家也从未因此抱怨过。那个时候我们财务的活特别多，尤其要做报表的时候。报表上交的时间非常严格，每月 1 号必须上交，任何延误都是不允许的。为了按时交报表，我和同事们常常加班到深夜。基本上每到月底，我们就开始做各种报表，工资、奖金、材料费用、设备维护费用等，所有的数字都要整理清楚。而且财务工作非常复杂，特别是那时候还是计划经济时代，每一分钱的流向都要经过详细地记录和审核。工厂的一切运作都要依赖国家的计划和指标，所以我们不仅要核算工人的工资，还要确保工厂的成本控制、生产预算和利润分配。那个时候，国家对纺织行业有很多政策调控，特别是针对出口的产品，我们需要特别小心。

工厂的管理也很严格。早上 7 点 20 必须到厂，否则大门会被锁上，不允许进入。一旦迟到，就会扣工资。这可不是小事，因为扣的不仅仅是个人的收入，连车间的奖金都会受到影响。所以为了避免迟到，我们很多人都提前半小时到厂，守着大门打开。那时工资也不高，但是在纺织厂就是会有一种归属感和集体荣誉感。我们的收入直接与生产效率挂钩。记得我第一次领到奖金是在 1979 年，那是我进厂以来拿到的第一笔奖金，60 块钱，虽然看起来不多，但对于当时的我们来说，已经是一个很大的数目了。那个年代，每个人都非常节俭。

20 世纪七八十年代，纺织行业迎来了发展高潮。那时候青岛的纺织品不仅在国内有市场，还远销海外。我们工厂的产量和质量都很高。作为当时重要的纺织基地，我们三厂的生产规模庞大，各个车间都忙得不可开交，每天都需要严格按照生产计划完成任务。我们那会儿车间的工人真是没什么休息时间。早上 7 点多上班，一直干到晚上。尤其是夜班，特别辛苦,常常工作到凌晨两三点。为了达到生产目标,大家都会主动要求工作,那时候大家都一门心思完成计划,不想别的。当时厂里有的生产设备已经有些陈旧,但这并没有影响工人的生产积极性。有一次,车间因机器故障停工,大家都一筹莫展,而工人们却毫不犹豫地开始自发修理。在这片忙碌的车间里,工人们将厂子当家,所有人都心甘情愿地为生产任务而努力。有时候,工厂为了保护工人,还会给我们送去一些绿豆汤,以帮助我们应对炎热的夏季。我记得那时,车间里的气温常常超过 40 ℃,只有通过不断喝水和吹风扇勉强降温。但无论环境如何艰苦,大家都毫无怨言,因为每一件织布、每一条纱线都是我们的骄傲。那个时候,许多女工都很坚强。白天上班,晚上回家还要做饭、带孩子。尤其是那些上夜班的女工,她们回到家时,孩子还在睡觉,等她们做好家务再去休息时,天已经亮了。

工厂不仅是我们工作的地方,也是我们生活的中心,不仅是生产棉纱的地方,还承载着很多家庭的生计。许多工人都是夫妻两人在同一个工厂工作,这样既方便照顾家庭,也可以一起上下班。虽然那时的物资匮乏,工厂却为我们提供了一些福利,比如托儿所。这让很多年轻的母亲可以兼顾工作和家庭。那个时候工厂的托儿所非常好,大家把孩子放在那里,一天的工作结束后再去接他们。托儿所的阿姨们特别照顾孩子,有些孩子甚至把托儿所当成了第二个家。尽管平时工作繁重,但工友之间的关系非常好。大家在紧张的工作间隙中形成了深厚的友谊。我们都把工厂当作家,彼此互相帮助。大家一起干活、一起吃饭,谁家里有事,其他人都会主动帮忙。厂子里也会组织一些文娱活动和集体生活充实工人的业余时间，比如组织一些文艺演出、体育比赛和集体劳动，大家自发参与，气氛非常热烈。

随着时间的推移，纺织行业也经历了许多变化。90年代，由于市场经济的推进，许多老旧的工厂开始面临困境。三厂也未能幸免，随着设备老化，市场竞争加剧，工厂的生产效益逐渐下滑。许多曾经辛勤工作的老工人面临着裁员或提前退休的命运，整个厂区弥漫着一种忧虑的气氛。我们当时心里都很难受，工厂是我们生活的一部分，现在突然没了，感觉生活失去了重心。

纺织厂不仅塑造了我，也塑造了无数像我一样的工人。我们在这里度过了青春，也将这份青春与努力留在了三厂的每一寸土地上。即使现在厂房已不复存在，但我仍然为参与了纺织工业的发展、为那些在厂里默默奉献的工人们感到自豪和骄傲。（毕淑荣　原国棉三厂财务科室负责人）

| 纺织与雕刻

贾真耀

青岛有着悠久的工业发展史，其中纺织工业无疑占据了极其重要的位置。20 世纪的青岛，纺织厂是城市经济的中流砥柱，更是无数家庭的依靠与骄傲。贾老师的故事，便是这段历史的一个缩影。从纺织厂工人到雕塑艺术家，他用独特的方式将这一行业的记忆保存下来，并赋予它全新的艺术生命。

——编者按

我出身于一个纺织家庭，我的家庭与青岛纺织工业紧密相连。我的父母是河南人，所以我们家祖籍是河南的。20 世纪 50 年代，我父亲从河南的一个纺织学校毕业，跟着 200 多号人来到青岛，支援青岛的纺织业发展，我母亲也一同跟来了。从此我们家在青岛落地生根。我母亲是车间女工，我父亲是车间主任，我们兄弟四个是在纺织厂的宿舍楼里长大的。

新中国成立以后，纺织厂都归为国有企业，之前日本人留下的一些房子，还有一些厂里面的房子，分给中层以上的干部来住，工人们就住一些平房和二层楼。现在这房子有的还在，有的已经拆了。过去工人住的房子都很小，我家的房子不到 20 平方米，别人家有的也就十几个平方。一个楼配一个公用的水龙头和一个公用的厕所。总共两层楼，楼上楼下二三十户人家，邻里之间像一个大家庭，生活简单却热闹。过去纺织厂都建在沿海一带，就沿着胶州湾。所以我们小时候的娱乐都是和海有关的，我们整个宿舍楼的孩子都喜欢去赶海，洗海澡、挖蛤蜊、抓鱼。宿舍楼周边有一个合作社，卖一些生活用品，渔民经常到这边来买煤买白菜。过去纺织厂所在的地方，用现在的话来讲就是城乡结合部，工业区都在这一片。所以过去我们到市里玩，也不容易。坐车两毛钱，还是那种没有坐位、用来拉动物的车。

那时候大家收入很低，生活标准也低。去粮店拿国家供应粮，每个人按照标准给，比如，可能 20 个人 1 个月给 24 斤或 27 斤粮，粗粮多一些，细粮少一些。冬天就是一些地瓜和大白菜。但是话说回来，那时候虽然整体大环境不好，但是最起码我们能够吃饱饭。我们靠海边最大的好处是靠大海养了不少人。虾蛄，估计现在有的年轻人都不认识了，和皮皮虾很像，赶海抓这个吃。还有海虹，也就是淡菜，当时海里特别多。我们小时候，哪有什么辣根蘸料，逮到什么打开就直接生吃了。那时候真是欢乐的时光。

我对纺织厂很有感情，因为在那工作了很多年。21 岁时，我顶替母亲进入纺织厂工作，进了国棉八厂，在织布车间，先做换纬工，然后做排纱工，一共做了 7 年。虽然青岛纺织一直以纺织女工出名，但那时候织布车间其实也有很多男工。因为干维修工作的一般还是男工多一些，比如保全工和维修工。

换纬工就是需要将纬纱放入织布机，为车间的运转提供支持。棉花进来后是先进梳棉车间，把棉花变成细纱，再在细纱车间纺成纬纱。纱用完后，梭子就自动掉下来了，换纬工的工作就是把纱线再缠上，也叫作换梭。后来我又干了排纱工，负责整理纬纱，需要给一车一车的纱标号。

我们那时候实行"四班三运转"的轮班制度，大家都需要黑白倒班。纺织厂日常节奏是很快的，女工都非常劳累，每次要马不停蹄工作8个小时，因为机器要是没人时刻看着很快就停了。织布车间里的声音非常大，正常交流在里面根本听不见。在车间大家都是用棉花堵住耳朵，后来条件好了就用专用耳塞了。可能这也是为什么大部分青岛的纺织女工性格都非常直爽，和这种高强度的劳动有关，在车间里嗓门讲话都很大，性格也直来直去。而且那个年代大家都想着奔生产，累了喝水吃饭，吃完饭继续干活，没有时间多考虑生产以外的事情，也少了很多钩心斗角。可能以现代眼光看，有的行为会让人觉得有点粗鲁、野蛮，但就是在这样的环境下形成了人们直白的性格。那时候虽然辛苦，但是在我心里一直有着浓厚的情感。

我出生在这里，成长在这里，离开学校后第一份工作也在这里，纺织的烙印深深地留在我身上。只不过虽然接了母亲的班，但我从小就喜欢画画，所以上了几年班之后，心里也还是放不下对自己梦想的追求。

我在1986年辞去了纺织厂的工作，决定追寻艺术梦想。当时，纺织业还十分兴旺，我的决定也让我母亲痛心不已，毕竟兄弟四人只有我接了她的班。但是我父亲是支持我的，于是我前往河北曲阳学习雕塑。曲阳是雕刻之乡，那里有着悠久的石刻传统，我也在那里扎下了艺术的根。后来我师从一位中央美院的老师到北京进修。早些年一直在外，前几年落叶归根，我回到了青岛，2019 年 5 月 18 日，我带着工作室正式入驻青岛纺织谷，工作室所在的地方是一个旧仓库遗址。

我也创作了一些和纺织有关的作品。过去车间里有负责接线头的纺织女工，比如在细纱车间和准备车间，如果发现线断了她们就要接上，还要做标记，经线多少，纬线多少。女工的手上都提前缠了线，这是她们娴熟技艺的体现，接线头不仅要快，还要准。大拇指这个雕塑，灵感就来源于此。另一方面，纺织是青岛的母亲工业，几乎每一个家庭可能都有一两个人在纺织厂工作，不是妈妈就是阿姨。所以纺织女工是非常具有代表性的，线头这个元素也是非常具有典型意义的。当初他们拆厂房剩了些旧钢筋，我看到了，就拿回来进行创作。这个工程需要焊接，做好后半个月就过去了，再经过打磨、喷漆，前前后后花了差不多一个月。这些钢筋，不仅仅是物质材料，在我眼里更是一个时代的缩影。钢铁象征着刚毅与坚韧，就像母亲一样，默默支撑着家庭和社会。它们被焊接成大拇指，向曾经默默奉献的纺织工人致敬，也向这座城市的"母亲工业"表达深深的敬意。

我还有一个"大茶缸"的作品，也是取材于车间。因为纺织车间很热，尤其到了夏天，里面又热又闷。每个工人都手拿一个大茶缸，用一般小杯子喝水根本不解渴，必须一喝一大茶缸子。所以过去纺织厂年底评先进、评标兵、评优秀，都发大茶缸。车间女工们就带着大茶缸干活，和饭盒放在一起，吃饭喝水都不离开位置，吃完饭或者喝一大口水就继续工作。这些记忆不应该被遗忘，而应该被传承。

如今，老厂房和宿舍区大多已拆迁，我也上了年纪，但是关于纺织厂的记忆依然深深扎根在我的心底。作为纺织工人走向艺术之路，我希望能用自己的双手和内心的感悟，塑造属于这个时代的作品。每当有人问起这些作品的意义，我会说，它们不仅仅是艺术作品，也是我对自己过往纺织岁月的怀念，更是对母亲以及所有纺织工人的致敬，对那份钢铁般坚韧精神的铭记。（贾真耀 青岛当代艺术家）

纺织谷的故事 |

姜才先

青岛,作为中国近代工业化进程中的前沿城市之一,纺织业曾是它经济发展的核心。青岛的纺织业可以追溯到 19 世纪末期,当时德国人侵占了青岛,也开始了青岛的工业化进程。青岛最早的纺织厂就是由德国人创办,他们在侵占青岛之前就对山东的地理和气候进行了一系列详细调研,这些研究也直接影响了青岛的城市规划与工业布局,奠定了后续发展的基础。早期的纺织厂不仅生产纺织品,还为青岛吸纳了大量的外来劳动力,形成了城市工业化的雏形。青岛不仅建立了纺织厂,还发展了造船厂、啤酒厂等现代工业设施,这使得青岛迅速成为山东半岛乃至全国的重要工业城市之一。以前我们总说,青岛的工业有"三老":老纺织、老啤酒、老四方。纺织自然是各大纺织厂,啤酒是青岛啤酒厂,四方就是四方机厂,现在的中车集团前身。到 20 世纪初,青岛已经成为全国四大特别市之一,与上海、天津、重庆并列。青岛的工业能力之强大,尤其是在纺织行业中的表现,使得青岛能在中国的工业版图中占据一席之地。

　　随着德国在第一次世界大战中的失败，青岛在 1919 年被日本占领。日本人为了进行经济侵略，在青岛进一步扩展了纺织工业的规模，引进了大量日本的纺织机械设备，如来自日本丰田的打包机，这成为青岛纺织工业发展历程中的重要符号。到了 20 世纪二三十年代，青岛逐渐成了一个以工业为中心的城市，尤其是纺织业的兴起，使得青岛不仅成为全国的纺织品生产基地，也成了吸引大量外来人口的城市之一。

　　新中国成立后，一直到 80 年代，青岛纺织业迎来了它的黄金时期。这段时间，中国的纺织业得到了政府的大力支持，青岛的纺织业也因此迅速发展。纺织厂里机器轰鸣，生产线上的工人们日夜忙碌，青岛的纺织品源源不断地被运往全国各地，甚至出口到国外。在这个时期，青岛的纺织厂不仅是经济生产的核心，也是无数家庭的生活支柱。这一时期也加速了青岛人口的集聚，省内省外的纺织专业人才与纺织工人纷纷来到青岛，落地扎根，成为城市建设的重要力量。

　　进入 21 世纪后，随着全球化的发展和国内外市场的变化，青岛的纺织厂逐渐失去了昔日的辉煌。许多老旧的设备跟不上市场需求，生产成本不断上升，纺织业面临着严峻的挑战。有一些纺织厂关门了，有一些合并了，很多工厂和工人宿舍也都拆迁了。然而，这并不意味着青岛纺织的历史就此终结。国棉五厂旧址转型为文化创意产业园区，通过保留老厂房和旧设备，获得了新的文化和商业功能。我很有幸，参与了纺织谷的改造项目。纺织谷的特点就是，与国内其他老厂房改造成的园区相比，目前商业化还不算严重，还保留着纺织工业的基本特征。它的运营还是基于它的传统产业,就是在纺织工业的基础上进行创新,包括时尚产业与文创产业,甚至是餐饮行业。最主要的是,纺织谷不仅保留了老厂房的原貌,转型为文化创意园区焕发生机,更是工业1.0、2.0和3.0时代在青岛的实体见证。

目前青岛纺织博物馆原址,就是工业1.0时代的遗产,它的空间的结构是典型的包豪斯工业设计。博物馆是由旧车间改造而来的,这批车间是钢木结构的,也是目前国内保存的面积最大、年代最久的钢木结构的包豪斯工业厂房。18世纪纺纱机在英国诞生,但是在这之后大约20年的时间里,动力来源是水蒸气,是属于自然的动力,我们把没有电的这个时代称为工业1.0时代。所以在那个时代,工业上的各个设计,全是依靠物理现象实现的,最大特点就是实用。

包豪斯车间就是典型案例。包豪斯厂房的窗户朝向是向北的,与我们平时说的"坐北朝南"不同。纺织车间里充斥着粉尘、棉絮和杂毛,而且湿度非常大。如果在这样的环境下阳光通过南向的窗户照射进来,就会产生丁达尔效应,只能看到水蒸气里的水雾粉尘,看不清后面,引发了视线上的遮挡,这就是车间里南向采光的缺点,这也是我们这个车间所有窗户都朝北的原因。还有一点,在这个车间,人站着的时候是没有影子的,通过窗户的结构充分利用自然光,就和手术室里的无影灯效果一样。还有,目前纺织博物馆里的标志性遗产就是现在还竖立在车间里的钢铁柱子,这些柱子都是1921年美国宾夕法尼亚州伯利恒钢铁公司生产的,充分利用了力学原理,用很多铆钉连接两块钢铁板。这种分体结构在柱子遇到巨大冲击力时，能够把力分解到每一颗铆钉上，进而把力分解掉了。而且铁板中间是雨水管道，下雨后雨水顺着藏在柱子里的管道流进下面的水井，就可以排走了。由此可见，包豪斯建筑基本上是当时工业最先进的一种建筑，这种先进建筑被运用到青岛的纺织车间里。

纺织谷里现在还保留着30年代厂子里的防火门，并且是典型的工业1.0时代的"自动"防火门。我们当初研究这个门上面的名字，一开始以为是科比联合贸易公司，因为有KOBE这个单词。后来接待了一行来自美国加州山东同乡会的人员，同行人员认出这是日本的神户，也就是说这扇大铁门是神户联合贸易公司生产的。那时候没有电，一扇重达五六百斤的铁门怎么称得上"自动"呢？其实所谓的自动是利用了杠杆原理。这扇门是用两个滑轮吊在滑道上，而且这个滑道是倾斜的。一般来说，铁门是水平的，来回关闭只能靠人力推拉。但若是斜的，在地心引力作用下铁门会自动下滑。所以在铁门较高的一侧设置了滑轮，滑轮下挂着重锤，这样受到重锤的牵引，铁门下滑的动力和阻力达到一个平衡点，这扇铁门日常是不会关闭的。但是重锤连接处有一个熔点，一旦发生火灾险情，温度变高后会自动融化，重锤也因此掉落，滑轮一头的阻力没有了，铁门自然会依靠自身重力沿着滑道下滑，关门。所以，这扇铁门能进行"自动防火"，完全是因为利用了物理知识隔绝了两个空间。纺织厂是最怕起火的，一旦发生火灾，第一步就是阻隔火源，把火势控制住不要蔓延到其他车间去。类似这样的精巧设计，在过去的老厂房里有很多，有的被拆了，有的因为纺织谷的存在而被保留了下来。

1949 年新中国成立后,青岛成为全国纺织品的重要生产基地之一,青岛的纺织女工们是工厂中最重要的劳动力来源之一。当时纺织厂里的工作条件非常艰苦,不仅对工人的体力和毅力是极大的考验,对如何营造合适的生产环境也是一个不小的挑战。车间里需要恒温恒湿,不管冬天还是夏天,室温都不能低于 26 ℃,相对湿度都不能低于 65%。车间空气中要饱含着水分,因为当纱线吸附空气中的水分以后,韧性会增强,纺纱就不容易断头。所以,我们要冬天升温,夏天降温。但那时候没有空调,如何解决调控温度的问题呢?纺织厂会设计自己的通风系统,利用风扇和水循环来调节温度,并通过空气调节来减轻粉尘的影响。以国棉五厂为例,当年在厂房周围有 6 口深井,厂子建了 6 个大吸尘室,吸尘室与车间下边的地沟紧密相连,每个车间都会有一台大风扇,每台设备都会有一个吸风口。夏天的时候,把热空气都给吸到吸尘室,里边配有喷淋装置,水管上扎出一个个小孔,利用从深井抽出来的水进行雨幕冲刷,不仅把热空气变凉,还把空气中的粉尘都清理了。空气经过冲刷之后再循环出去,这就实现降温了。冬天正好相反,车间里是冷的,水管里的水是热的。这些实用主义的设计也是利用物理知识来达到目的的,不仅提高了车间环境的舒适度,也显示了当时青岛的车间在工业设计上的独特性和前瞻性。

蒸汽时代整体效率还是挺慢的。到了工业 2.0 时代,就开始用电了,有电了以后纺织厂也都开始规模化和机械化生产了。工厂里的各种机械设备,都通过电力运作起来,纺织厂的技术水平也不断提升。最初的纺织设备依赖于从德国、日本等国家进口。纺织谷现在还保留着梳棉机,顾名思义就是用来把棉花梳理出来;还有一台来自日本丰田的打包机,这种型号的设备在世界上只剩下两台了,一台在青岛的纺织谷,另一台在西安。当时这么多先进的机械设备,就是工厂生产能力的核心,在国民政府时期,青岛的棉纱生产就已经是流水线作业了。

工业3.0时代大约是从20世纪50年代的美国开始的,这一时期开始用计算机了,用电脑替代人力劳动。国内大概是从80年代才开始,那时大学有个专业就叫作机电一体化。到了20世纪80年代后期,自动化设备开始普及,工人们不得不学习如何操作这些新机器。那些年,工厂经常组织培训,让我们学习如何操作新设备。虽然很难,但我们知道,掌握这些技术是保持工作能力的重要途径。我记得那时候机器虽然大,但操作起来并不复杂,大家通过手工控制机器的运行。而现在,很多机器都是电脑控制的,工人们只需要按几个按钮,机器就会自动完成生产。原来是1个人看3台机器,现在可以用电脑同时控制30台,大大地提高了发展效率。

在大拆大改造的进程中,工业1.0时代的东西很少了。其实,纺织谷一个宝贵的地方,就是保存了很多工业1.0时代的东西。给当代人留下了一些存在过的证据,保留了部分早期工业记忆。相比之下,工业2.0和3.0时代其实与我们关联很紧密了,4.0互联网时代更不用说了。

无法否认,纺织谷也是占据了天时地利的。一方面,赶上了国家对工业遗产保护的重视,成功入选第二批国家工业遗产保护名录。另一方面,纺织谷成功将老厂房与文化创意、潮流文化等融合在一起,成了不仅受年轻人喜欢,还能让老年人寻找回忆的地方。我记得博物馆开业的时候,我接待了从北京来的一家人。老太太 80 多岁了,特意让女儿带着她来纺织谷转转。他女儿和我说,老母亲在五几年的时候,是京棉二厂的职工。当时北京的国棉一厂和二厂都是青岛国棉五厂援建的。后来她的母亲还来青岛国棉五厂实习了三个月。老人家一直想回来看看,也一直没有机会。如今也不太能走动了,为了圆母亲的心愿,她和丈夫就开车带着老母亲和孩子来到青岛。我就带着他们参观博物馆和纺织谷。当时馆里有一张电子相片,就是援建北京京棉二厂职工国棉五厂实习留念的合影,我翻出来给老人家看,没想到老人家看到之后,眼泪哗的一下就流下来了,和我指着说,相片里那个女孩是她,那时候她还没结婚。我把这张相片的电子版发给了她的女儿,她的女儿也很感慨,说看到了母亲这么年轻的样子,仿佛看到了当年母亲在车间工作时的青春岁月。看着老人家激动的泪水,我当时就在想,这就是我们保护工业遗产的意义所在吧。尽管我现在已经退休,离开了青岛纺织博物馆,但是每每想起这段记忆,心中依然充满了感动。

当然,纺织谷的成功不仅在于其文化价值,还在于它为城市提供了新的商业模式。通过将工业遗产保护与现代文化产业结合,纺织谷成为青岛工业遗产保护的典范。通过将旧厂房改造成博物馆、展览馆、艺术工作室和时尚设计中心,将工业遗产与时尚、艺术相结合,吸引了大量年轻的创意工作者和游客。这种创新转型不仅延续了纺织厂的历史,也为青岛带来了新的经济增长点和文化影响力。

青岛纺织厂是无数青岛人生活和情感的寄托，许多工人终其一生都在纺织厂工作，他们的青春与汗水与这座城市的工业命运紧密相连。他们的辛勤劳作与无私奉献不仅养活了自己和家人，也为国家和城市作出了贡献。通过对工业遗产的保护、对人文故事的记录以及新时代商业模式的创新，我相信纺织谷会越来越好。我们不仅是保护历史，更是在传承一种精神，一种无畏的奋斗精神。纺织业虽然已不再辉煌，但它的精神和文化将继续影响着这座城市。（姜才先 原青岛纺织博物馆馆长）

"郝建秀小组"牌匾，现存于青岛纺织博物馆（王美淇摄）

"自动"防火门（王美淇摄）

目前纺织谷内留存的始建于 1934 年的原始墙体，采用"胶州湾"滩涂海沙搅拌后的泥浆制成，里面隐约可见贝壳碎片（王美淇摄）

依然矗立在原处的、近百年历史的纺织厂老水塔（王美淇摄）

1937年日本丰田公司生产的棉布打包机，现存于青岛纺织谷（王美淇摄）

纺织博物馆内现存的伯利恒公司生产的钢铁板（王美淇摄）

纺织谷里的雕塑《母亲的手指》，作者贾真耀（王美淇摄）

纺织谷里的雕塑《纺织女工》，作者贾真耀（王美淇摄）

赞比亚的青岛纺织故事 |

王　磊

中赞穆隆古希纺织印染有限公司（以下简称"穆纺公司"），是根据中华人民共和国与赞比亚共和国两国政府 1973 年 7 月 31 日的换文和 1974 年 1 月 10 日的"会谈纪要"，由中方提供无息贷款，并在中方青岛纺织技术专家指导下，于 1981 年末建成投产的。经过技术合作、扩展重建、技术改造和合资经营，已发展成为赞比亚最大的综合性纺织加工企业，拥有轧花、纺纱、织布、印染、服装、榨油等一条龙生产线，生产经营涉及植棉、织造、商业连锁、国际贸易等领域，产品直销非洲 10 多个国家和欧美市场；其生产规模和经济效益不仅在赞比亚高居榜首，在整个南部非洲也是屈指可数。2001 年，穆纺公司被非洲"贸易领头人俱乐部"授予"国际非洲金奖"；2002 年，被国际世界质量组织（WQC）授予"2002 年巴黎国际之星金质奖"。2003 年 11 月 18 日，《中国纺织报》在《赞比亚总统（姆瓦纳瓦萨）参观青岛六棉》报道的"编后"中指出："由青岛市纺织总公司控股，与赞比亚政府共同组织的穆隆古希纺织公司是中国纺织企业成功走出去的一个范例。"

一、穆纺公司的创建经过

1963 年，周恩来总理访问非洲 14 个国家时，宣布了我国对外经济技术援助的八项原则，引起了亚洲、非洲、拉丁美洲广大地区和国家的广泛赞同与欢迎，许多国家要求我国给予经济技术援助。仅 1964 年和 1965 年两年，我国纺织工业系统就承接了 12 个国家的 20 多个项目，其中非洲国家的项目占 60％以上。1964 年 10 月 24 日，中赞两国正式建立大使级外交关系。1974 年 1 月，我国政府根据赞比亚共和国的要求，与其签订了《关于建设穆隆古希纺织印染有限公司的会谈纪要》。1974 年 2 月 21 日至 3 月 2 日，卡翁达总统携夫人访问中国，中赞友谊进入了新的发展时期。

1972 年 11 月，青岛市纺织工业局（1995 年末改称为青岛市纺织总公司）派出纺织技术专家组一行 9 人（含翻译 2 人）赴赞进行了 7 个月的实地考察，经多方论证，并经赞方同意，公司选址于赞比亚中央省省会卡布韦市北郊的穆隆古希河畔边缘地块上。因这里距铁路不远，靠近高速公路，交通便利；靠近国民服务队，有丰富的人力资源；水电供应也充足。更因这里曾是赞比亚开国元勋卡翁达和他的战友打游击、搞革命，制定独立斗争纲领，推翻了殖民统治，建立了赞比亚共和国的地方。厂址选在这里既符合选址要求，又具有纪念意义。将公司命名为"穆隆古希纺织印染有限公司"，进一步表达了中赞两国人民对赞比亚革命圣地的永久纪念。

1964 年 10 月 24 日,英属北罗得西亚宣布独立,定国名为赞比亚共和国。当时,赞比亚全国人口不足 600 万,面积 752 617 平方千米。农业人口占 60%以上,支柱产业是矿业。青岛纺织技术专家组根据该国人口少、几乎没有棉花资源等因素,将穆纺公司的企业建设规模定为 2.5 万纱锭、线锭 2 660 枚、布机 720 台,以及年产 910 万米的印染配套设备。投资总额 3 174 万赞比亚克瓦查(K),其中中方贷款 1 719 万克瓦查,占 54.2%,赞方出资 1 455 万克瓦查,占 45.8%。1975 年 10 月,中方完成土建和生产工艺设计,准备起运设备赴赞。因赞方的原因,以王铭忠为组长的青岛纺织技术专家组,延至 1977 年 12 月到赞。1979 年 1 月 14 日公司奠基。1980 年 3 月印染工场投料试生产;1981 年 12 月完成土建工程和设备安装调试后,又经单机培训和投棉试生产,全部符合"会议纪要"要求,验收全部达到移交标准。

1981 年末,公司正式投产。以王竹轩为组长的青岛纺织第二批援赞技术专家组到赞接任,由于援赞人员的言传身教,生产取得了令人瞩目的成绩,公司很快发展成为赞比亚共和国的第二个棉纺印染大企业。1983 年 8 月 23 日,中国国务委员陈慕华赴赞,在卡布韦市主持了公司移交仪式,标志着中国青岛经济技术援助赞比亚建设穆纺印染联合企业项目获得圆满成功。根据中、赞两国协议,工厂移交后,即转入技术合作时期。

技术合作开始,赞方人员出任公司总经理、总工程师等高层职务。因赞方人员不善经营管理,企业效益下滑,生产环节出现漏洞,不时出现亏损。赞方政府发现问题后,征得我国驻赞大使的同意改任青岛纺织技术

专家组组长为公司代总经理,1985 年 4 月又聘为总经理;同时还邀请专家
组成员出任总会计师、总工程师、总经济师等职务。至 1985 年 6 月,青岛
纺织技术专家任高层职务的 8 个月,与赞方人员任高层职务的前 8 个月
相比,棉坯布增长 13.97%,印染布增长 8.99%,销售收入增长 36.74%,
利润增长 3.56%。同时,公司还为 1 200 名职工提高了工资,兴建了 65 幢
职工宿舍。据赞方国家审计局审定,至 1986 年 3 月底,公司已收回建设
总投资的 96.66%。1985 年至 1994 年,青岛纺织公司与赞方进行了 5 期
技术合作,共派出专家 183 人次。

二、穆纺公司的展翅腾飞

1994 年,因技术合作合同期满,专家组回国,公司交由赞方人员管
理。因宏观经济形势恶化,加上经营管理不善等原因,公司出现了严重的
亏损,陷入了关闭停产状态。1995 年 7 月,时任中国国务院副总理朱镕基
访问赞比亚,在考察了公司以后,他提议用建立合资企业的方式来重新救
活企业。建议得到了赞方同意。双方决定,将中方建厂时提供的 1 117 万
英镑和 150 万美元的大修费转为对合资的穆纺公司的投资,占合资企业
66%的股份,赞方占 34%的股份。合资企业的董事长和总经理由中方担
任,主要管理人员由中方派出。为了确保合资企业的正常运转,中方还向
合资企业提供 2 亿元的人民币优惠贷款。因这个经援项目过去由青岛市
纺织总公司承担,中方政府决定仍由我公司代表中方的出资人参与穆纺
公司经营管理。

1995 年 3 月，我由青岛市纺织总公司的副总经理升任为总经理，又承接了与赞比亚共和国合资经营的穆纺公司的管理工作。这对我来说，既是承担高风险的考验，又是青岛纺织走出去开拓国际市场的难得机遇。我暗下决心，一定做好这项工作。时任中共青岛市委书记俞正声曾亲自率政府工作组和纺织技术专家赴赞考察和洽谈，并要求纺织总公司创出"青岛—赞比亚模式"。我深知合资经营穆纺公司的重大意义，所以，从承接这项任务开始，就筹划着怎么挽救穆纺公司，使其早日复苏。在市委和市政府的领导下，总公司首先抓了三件事：一是选好出国人员，尤其要选好专家组组长；二是抓好项目实地考察，做到情况明晰；三是做项目可行性研究报告，争取两国政府的关心和支持。前任青岛市纺织总公司总经理许有仁，是纺织的科班出身，政治品质好，技术过硬，身体好，有管理企业的丰富经验，又有攻克难关的经历，是最合适的人选。总公司决定派他担任中方专家组组长，并由他组织包括纺部、织部、印染和保全等工序的工程技术人员组成专家组，先去穆纺公司实地考察，然后再写出可行性报告，市委同意了这些安排。

1995 年 12 月 1 日至 26 日，许有仁率领部分纺织专家到穆纺公司进行了 20 多天的实地调研。回国后，他们又组织其他专家组成员，根据调查到的第一手资料，进行了 1 个多月的反复评估和多方面的论证，作出了符合两国国情的复工预算，和抢救穆纺公司的可行性报告。该报告很快得到两国政府的同意。

1997 年 1 月 2 日，我公司 30 名专家抵赞。他们按照事先预定的"先启动,后改造,边生产,边整顿"的工作思路,仅用 20 天的时间就抢修好了 759 台(套)设备,并完成了建章立制和召回失散工人等一系列复工前的准备。1997 年 4 月,合资的穆纺公司开工生产。1997 年 5 月,时任中国国务院总理李鹏和赞比亚共和国副总统米扬达为公司复工剪彩。6 月,公司的主要生产指标超过历史最高水平。

1998 年 9 月,我被选为穆纺公司的董事长。当时公司重新制定出《中间关键设备填平补齐,生产能力向两头延伸》的技术改革新方案,"中间关键设备填平补齐"就是对中间纺布的关键设备进行升级改造。穆纺公司投资 500 多万元,先后更新了 1.2 万枚细纱锭和 280 台纺机,并把青岛印染厂 2 台闲置的圆网印花机和电脑分色设计系统调入穆纺公司,我又给他们增加了电子清纱器。这次技术改造,不仅提高了穆纺公司的花布生产档次,还节省了 4 500 万元。"生产能力向两头延伸",就是一头向原料延伸,另一头向市场延伸。"向原料延伸":穆纺公司以赊欠的方式,向当地 5 000 多农户提供优质棉花种子、化肥和农药,待收购棉花时,再从棉花款里扣除,这种合作关系极大地调动了当地农民的种棉积极性,每年的植棉面积都达到了万公顷以上。据统计,2002 年穆纺公司收购籽棉 9 000 吨,2003 年上半年收购籽棉 5 000 吨。穆纺公司已发展成为赞比亚第三大棉花公司。不仅平抑了物价、打破了原棉被印度垄断的局面,还减去了中间环节,节约了生产成本,保证了穆纺公司的棉花供应。21 世纪初,在我国国内棉花价格居高不下的情况下,穆纺公司还向国内供应棉花 2 000 余吨。与此同时,穆纺公司还先后建立了两个轧花厂,一个先进的食用棉籽油加工厂,年加工籽棉 2 000 吨,年产高级食用油 600 吨。"向市场延伸":穆纺公司在赞比亚全国建立了 18 个连锁店,形成了遍布全国的销售网络;在周边国家,穆纺公司在坦桑尼亚和纳米比亚设立了子公司,并通过直销和代理商向南非、津巴布韦、莫桑比克、马拉维等 10 几个国家出口产品。穆纺公司还利用美国为鼓励非洲国家出口而制定的《非洲增长机会法案》,大力开拓美国市场。2000 年,公司一次向美国出口 11 000 条短裤,实现了赞比亚向美国出口纺织品零的突破,在当地引起轰动。当地权威报纸《赞比亚邮报》在显著版面对此事进行了重点报道,称赞此举开创了赞比亚共和国向美国出口纺织品的先河。

穆纺公司作为中赞友谊的象征,一开始就得到中赞两国高层领导人的重视和关怀。1974 年 2 月 21 日至 3 月 2 日,赞比亚总统卡翁达和夫人到中国访问,对中国经济技术援助建设穆纺公司给予高度评价。1979 年 1 月,时任中国国务院副总理李先念和赞比亚总理李苏罗亲自为公司建厂奠基。土建期间,卡翁达总统多次到现场慰问和接见中国青岛纺织专家。1983 年 8 月,卡翁达总统和时任中国国务委员兼外贸部部长的陈慕华出席了公司的移交仪式。1995 年 7 月,时任中国国务院副总理朱镕基到赞比亚访问,并到公司视察。1997 年 5 月,时任中国国务院总理李鹏和赞比亚副总统朱杨达为合资的穆纺公司复工剪彩。穆纺公司进入新的发展阶段,为中非和中赞友谊发展注入了新的活力,并为中国援外改革探索出一条成功之路。赞比亚总统奇卢巴称:"穆纺公司是赞比亚全国 22 个纺织企业中最成功的合资企业。"1999 年 11 月 12 日,赞比亚国防部常务秘书苏克瓦参观了穆纺公司新建的轧花厂和服装厂，他高兴地说："过去遇到的困难和麻烦，一个个地解决了，我们在长长的隧道中终于看到了光明。"同年，穆纺公司副总经理齐菲特因与中国合资经营企业取得优异成绩，被选为卡布韦市副市长。

2000 年 10 月 21 日，奇卢巴总统在青岛纺织参观访问时，邀请青岛更多的企业到赞比亚投资，希望中国人到赞比亚做客。2001 年 4 月 18 日，赞比亚驻华大使卢阿图拉专程到青岛华金集团等企业参观，在看到青岛纺织取得优异成绩时，情不自禁地介绍了穆纺公司。他说："穆纺公司的成功运作，不仅是青岛纺织的骄傲，也是赞比亚人民的自豪，我祝愿赞、中两国人民友谊长存，友好合作，共同发展。"2003 年 7 月 30 日，赞比亚姆瓦纳瓦萨总统赴任不久，就到穆纺公司视察，并为轧油厂开工剪彩。2003 年 11 月 5 日，姆瓦纳瓦萨总统应时任中国国家主席胡锦涛的邀请，到中国进行国事访问，并于 11 月 8 日专程到青岛纺联集团六棉有限公司参观访问。期间，他对穆纺公司取得的成就表示赞赏，对青岛纺织帮助赞比亚提高棉花资源利用率和当地劳动就业率所作出的贡献给予高度赞扬。他说："棉花已成为赞比亚重要的经济作物和支柱产业，希望青岛纺织能够扩大投资，帮助赞比亚进一步发展经济，摆脱贫困。"青岛市政府和青岛纺织总公司应邀，分别与赞比亚签订了扩大合作的意向书。2003 年 11 月 8 日，我公司已与赞比亚政府签署了在赞比亚东部省合资建立轧花厂、在穆隆古希工业园合资建立服装加工项目协议书。青岛纺织公司在世界经济一体化的潮流中，实施走出去的战略，通过各种形式主动参与全球竞争，利用全球的自然资源、市场资源、技术资源,在全球范围内实现资源的最优化配置,节约成本,这是绕过贸易壁垒或贸易限制对外投资的有效方法,从而提高了企业的国际竞争力。穆纺公司获得的成功,树立了中国纺织企业在非洲的良好的形象。

出自《青岛文史资料第十三辑》

| 扎根青岛的"即发"纺织

陈玉兰

能有今天的即发,我们要感谢党和政府的好政策,让即发逢山开路,遇水搭桥,坚守发展信念,追寻广阔空间。改革开放以来,党和国家出台了一系列关于非公有制经济发展的政策措施。特别是党的十八大以来,推出了一大批扩大非公有制企业市场准入、平等发展的改革举措和相关政策措施,形成了鼓励、支持、引导非公有制经济发展的政策体系,非公有制经济发展面临前所未有的良好政策环境和社会氛围。能有今天的即发,还要感谢即发的老前辈和老领导,是他们,为即发打下了一个坚实的基础;能有今天的即发,还要感谢一代代的即发人艰苦创业,勇于奉献,为后来者创造了一个又一个成长的平台。

20世纪50年代,即发还是即墨段村一家手工业档发合作社。1963年,我从即墨县手工业合作社调到段村吕家演泉档发分社,先后从事保管员、出纳员和记账员等工作,分社仅有9人。当时的规模虽小,但我们工作的热情非常高涨,尤其是老同志对工作兢兢业业、一丝不苟的精神感染了我。

1965 年 8 月，根据工作需要，段村吕家演泉分社并入档发合作社，我也随同调入。当时钟高先同志任主任，他在抓好现有产品生产的基础上，不断地开发新产品，为今后的生产经营打下了良好的基础。1972 年，段村档发合作社与兰村发网厂合并成为即墨县发制品厂，王其栋同志任工厂党支部书记，钟高先同志任主任，两位老领导一手抓生产经营，一手抓思想政治工作，为工厂奠定了一个好的管理基础和工作作风。他们教我做人、做事的原则方法，在政治上培养我的坚定信念，为我的成长开启了一扇智慧之窗。1974 年，王其栋书记被调到地毯厂工作，钟高先同志担任工厂党支部书记。工厂人手少，钟书记为培养我独立的工作能力，安排我干好出纳工作的同时，到省业务部门跑业务、拉订单、搞结算。从他身上我学到了一个优秀共产党员以厂为家、任劳任怨、不忘初心的工作作风，一个企业领导无私奉献、积极创新、开拓进取的创业精神。

1968 年，全国人发工作会议在即墨县召开，即发作了经验介绍，与会单位学习和推广即发的经验，有关领导和专家认为即发发制品质量好、产量高、出品率居全国之冠。当年，即发的产值达到 940 万元，占当时即墨县工业总产值的四分之一。受老领导的影响和培养，我的政治思想也得到提升，业务能力得到提高。

1981 年，正值改革开放大潮，我被职工大会民主选举为厂长。然而，就在企业摆脱困境、抬头起步的关键时候，受出口配额的限制，当初把企业从生死线上拉回来的主导产品劳保手套一度停产，企业又一次到了生死存亡的紧急关头。有了前辈打下的基础和思想引领，我没有在困难面前畏缩,心中想的唯一的事情就是把老一辈交给我的事业发扬光大。经过对国内外市场的多方考察,我们获得了一条重要信息:国际市场纯棉针织内衣供不应求!这条信息对今天即发在针织行业的领军地位也起到了"一锤定音"的作用。

1984年,即发办起了即墨第一个来料加工项目,并与日本兵库县贸易株式会社签订了即墨第一个针织内衣补偿贸易项目,企业实现了跨行业经营的关键转移,年产值从几百万元发展到了上千万元,一跃成为即墨产值利税大户。1987年,国家实行"拨改贷"政策,对轻纺出口产品重点项目采取招标制。即发抓住这个机遇,靠过硬的质量让公司的针织项目中标,一下子争取到资金370万元,还利用日本政府"黑字还流"贷款300多万美元,1988年建设了织漂缝一体化的针织厂,试探性地迈出跨行业经营的第一步,使其从传统单一的发制品行业跨越到纺织行业,奠定了即发今后的发展基础。1993年,即发与世界500强企业日本伊藤忠商事株式会社共同设立青岛贵华针织有限公司,1994年又与另一家500强企业日本日绵株式会社合资设立青岛中绵针织有限公司。

有了前辈铺好的道路、搭建的平台,我们没有理由不埋头苦干。即发有着一个钢铁班子,这是一个团结进取的集体、一个开拓创新的集体、一个善于战斗的集体。在这个班子中,有我的老搭档刘思琪同志,他的任劳任怨、勇攻难关的"思琪精神"至今感染着每一个即发人;有善于钻研、勇于开拓市场的杨为东同志;工作果敢、认真负责的解珍香同志;管理求细、业务求精的孔祥娟同志;当家理财、精打细算的王珍琳同志。还有几位年轻的班子成员,他们都用各种实际行动为即发的发展贡献着自己的力量。

党组织的战斗堡垒作用和党员的先锋模范作用,关键是要在工作上、在发展中得到体现。产能和规模扩大了,但是实力还远远没达到能抵御大风大浪冲击的水平。认识到这一点,班子成员心往一处想、劲往一处使,开始了"内抓管理夯实基础、外拓市场谋求发展"的二次创业之路。在管理方面,引进和借鉴了日本先进的管理理念和方法;在产品创新方面,发制品由单一的档发产品发展到高档男假发等 20 多个品种,针织品由十几个品种的内衣发展到上千个品种的内外衣;在体制创新方面,先后进行了分厂制改革、股份制改革;在市场开拓方面,针织品由单一的东欧市场拓展到欧美日等 20 多个国家和地区,自营出口从无到有,2012 年已经组建中外合资企业 20 家。

2000 年,即发投资建设了针织工业园,先后形成了从纺纱、织布、漂染、印花、绣花到成衣、设计、研发的一条龙针织服装生产基地,即发集团经济总量的 50% 以上来自此。2005 年开始建设的即发龙山梭织工业园,已吸引了多家海内外企业前来合资共建,成为即发一个重要的经济增长点。

多年来,即发致力于科学发展、和谐发展和又好又快发展,围绕国家提出的构建创新效益型、环境友好型、资源节约型企业的目标,先后获得中国驰名商标、中国名牌产品、中华老字号、出口免验产品等荣誉,建立了中国针织行业第一个国家级企业技术中心和 CNAS 国家实验室认证,并通过青岛市清洁生产审核验收。

2008 年全球性金融危机爆发，即发之所以能够经受住严峻形势的考验，得益于多年的持续创新。即发建成了国内行业第一个国家级企业技术中心，其中纺织材料检测实验中心达到国际先进水平，能够按照美国、日本、欧盟等多项标准实施监测。先后获得多项国家授权发明专利和实用新型专利，是山东省专利明星企业。"海洋生物甲壳质保健针织品"项目获国家科技进步奖二等奖，目前正在开展甲壳素纤维在伤口愈合材料、止血材料等医用领域的应用技术研究。即发已从服装应用向其他领域延伸。在即发人看来，科技创新和制度创新是一对孪生姊妹。即发拥有全国针织行业第一家国家级研发中心，这是即发在海外市场成功的撒手锏之一。一个企业，如果没有自身优势和核心竞争力，就注定会因为平庸而缺乏后劲和活力，就注定会在竞争中落败而看不到未来和希望。即发的竞争优势是在与国际标杆企业的竞争和博弈中显现出来的。

即发拥有较强的综合创新研发优势，并且与高校合作结成了"产学研联盟"。具体来说，即发在全国同行业较早建立了"国家级企业技术中心"，形成了三级塔形自主创新体系，是科技部认定的"国家创新型企业"和"高新技术企业"，同时还兴建了经中国合格评定国家认可委员会（CNAS）认证的"纺织材料检测中心"，其中，即发自主研发的"海洋生物甲壳质纤维"广泛应用于针织服装、家用纺织品等领域。

即发不断推进"校企财智合作"，与中国海洋大学、北京服装学院、中国科学院海洋研究所等国内十几个高校和科研院所，以及多家世界 500 强企业建立了长期稳定的合作关系，在纺织新材料、高分子材料、现代农业、医疗器械等领域的协同创新方面,取得了显著成效。2015年以来,即发开展了在超临界二氧化碳无水染色领域的研发,突破设备、工艺、染料、检测等多项制约产业化生产的关键技术难题,研发了一条适用于产业化生产的工艺路线,并申请多项专利,涤纶产品染色各项标准均达到传统水染标准。

在推动企业创新发展的同时,即发十分重视"两化融合"在企业的实施,加快推进智能互联工厂、数字化车间、自动化生产线示范项目建设,实现了由智能生产、智能管理和智能产品构成的智慧化转型升级,建立了ERP(企业资源计划)、MES(制造执行系统)、物联网、机联网为核心的信息系统,结合精益管理,实现了生产运营各环节实时监控与设备的信息交互,极大地提高了管理效率和供应链的协同水平,推动企业由传统的大批量、大规模制造向柔性生产、敏捷制造转型。

一个团结奋进的集体,班长没有理由不与大家一起努力拼搏——这是我的认识。即发从创业的27名社员,发展到现在的2万余名员工,他们默默无闻、任劳任怨、无私奉献的精神,每时每刻都在感动着我、激励着我,他们在各个岗位上为即发正在建设的"高楼大厦"添砖加瓦。在即发,老员工特别多,他们没有豪言壮语,只有具体的部署和默默工作,用实际行动支撑着即发的基业。

女工于德胜是国家级工艺美术师,她刚到厂时,企业只有128名职工,一个国外客商悄悄找到她,试图以2万元的月薪聘请她。这位身怀绝技的技师回答:"不可能,我如果这样做,就对不起即发。"做企业,首先是做人。能留住人才的不是靠生硬的制度,而是企业的精神。在即发员工的眼里,即发的传统是对工作严格要求,而在生活中确实是个温暖的摇篮。

即发是一个坚持以人为本的企业,在发展生产的基础上,企业努力改进改善职工工作生活条件:建设了较舒适的员工公寓、500多套经济适用房、近300户职工廉租房、2 200平方米的即发幼儿园,职工子女上学由公司统一办理,职工子女考上大学企业给予奖励,对退休职工一年3次看望慰问,专门建设了职工医务室、女工休息室、职工俱乐部,每年举行"七一"党员庆祝活动和大型职工运动会,英语、日语等文化业务培训班常年开课,职工保险按时缴纳,职工收入逐年提高,近3年平均每年增长10%左右,困难职工及时得到救助,连续15年春节安排客车送外地职工回家过年……在这些关乎员工利益的方面,即发实现了"亲情传递",为企业的持续、创新发展提供了不竭的动力。事情做到完美,就是艺术。即发从"新市民"的个人需求出发,本着以人为本的工作原则,大力开展技能培训、岗位练兵、技术比武、MBA培训等活动,鼓励"新市民"在提高劳动技能的同时,加强理论学习,并从政策上给予一定照顾,鼓励每位"新市民"发挥自身的专长,找到适合自己的岗位,做到人尽其才、物尽其用,使"新市民"岗位成才的风气日益浓厚。即发在加强青年技术开发队伍建设的同时,建立健全公司人才培养机制并积极组织包括专业技能训练、厂外培训、海外研修、岗位练兵、技术比武等一系列活动,一大批许振超式的技术工人在全国和省市组织的技能大赛中脱颖而出。即发培养了职工的广泛爱好和兴趣,打造出新一代产业工人交流学习的理想平台,使他们迅速适应现代工业化生产经营模式。即发组织人才解决和研讨技术难题,加强规范化管理意识,力争从职工的个人需求出发,快速提升职工的管理、技术水平和整体素质,鼓励职工们发挥自身专长,敢于创新,勇于开拓,找到适合自己的岗位发挥自身价值。

即发先后涌现出各级劳动模范 42 人,其中全国劳模 1 人,"全国五一劳动奖章"获得者 3 人,全国纺织工业劳动模范 5 人,山东省劳模 2 人。纺织工业是我国国民经济的传统支柱产业和重要的民生产业,也是国际竞争优势明显的产业,在繁荣市场、扩大出口、吸纳就业、增加农民收入、促进城镇化发展等方面发挥着重要作用。"即发是在农村发展起来的企业,离开农村支持,没有农民参与,即发将一事无成。"我和班子全体成员始终这样认为。我们在即墨大部分镇街设立分厂和加工点,每年投放加工费 5 亿元以上。即发还将这种带动作用向外辐射延伸,在菏泽、济宁、德州、枣庄以及沂蒙山区建立加工厂,带动了当地 3 000 余名农民就业和增收。在安徽太和县新建的缝制工厂,解决了当地 1 000 名返乡农民工的就业问题。习近平总书记于 2011 年 4 月 8 日视察了该企业,对即发深入中西部办厂、实现优势互补、促进农民增收、加快自身发展的做法给予了充分肯定。

不仅如此,即发还积极参与农村劳动力培训与转移工程,通过在农村办企业、设立加工点,培养了大批技术人员和管理人才,转移农村劳动力 2 万余人,带动了即墨针织服装产业不断发展壮大。为响应国家"一带一路"倡议部署和"产业援疆"的号召,即发加快企业国际化进程,更好地利用国内外两个市场、两种资源，努力提高自身的国际市场竞争力。从 2005 年开始实施"走出去"战略，先后在境外投资建成了越南和柬埔寨织、染、成衣配套的一条龙纺织服装生产基地，将设计、生产、营销各环节在全球范围内进行优化配置，逐步建立起跨国企业的发展模式，增强了企业的可持续发展能力。

2015 年 11 月，即发在喀什地区英吉沙县建立了新疆即发华和服装有限公司。2017 年 6 月，即发又在喀什英吉沙县萨罕乡建设萨罕即发服饰小微产业园，吸纳当地少数民族员工 2 000 余人实现家门口就业。该项目被评为"山东省援疆重点项目"，对当地纺织服装产业升级提档和社会稳定、长治久安起到了积极的推动作用，也为推动企业持续发展、探索经营新模式积累了丰富的经验。2017 年 7 月 9 日至 11 日，第六次全国对口支援新疆工作会议在新疆喀什召开。时任中共中央政治局常委、全国政协主席俞正声出席会议并做重要讲话。在喀什期间，俞正声考察了新疆即发华和服装有限公司等企业，俞正声对即发的援疆项目给予充分肯定。长期以来，即发还积极参与社会公益事业，教育引导干部职工广泛参与捐助灾区、帮扶弱势群体、资助贫困儿童等社会公益活动。近年来，即发共为社会公益事业捐助款物 2 000 多万元。这种回报社会的行动一直在延续，力度还会加大。

即发的产品出口日本、美国、欧洲等 30 多个国家和地区的大型企业，与包括 5 家"世界 500 强企业"在内的多家外国公司共同创办了 20 多个合资企业，在 26 个国家注册了自主商标，在美国、法国、日本、罗马尼亚、俄罗斯等国家设立了"境外销售公司"。公司形成了纺纱、织布、染整、印花、服装加工、包装辅料一条龙的针织服装全功能产业链。2020年,面对突如其来的新冠疫情,即发一手抓疫情防控,一手抓市场开拓,全年实现销售收入107亿元,继续保持稳健增长,创造出令世人瞩目的"即发速度"。即发将不忘发展初心,牢记责任使命,在习近平新时代中国特色社会主义思想的指引下,瞄准国际一流,锐意进取,奋发作为,进一步掀起新一轮抓科技创新、抓转型升级、抓市场开发、抓项目建设、抓人才队伍的热潮,不断加速发展新动能,推动企业实现新一轮跨越提升。

出自《青岛文史资料第二十五辑·上》

| 百年造就的"中国绳王"

张旭明

我 1963 年出生于一个普通的工人家庭，当年父母为我取名"旭明"，是期待我能够像一轮初生的旭日，美好灿烂，充满希望，前途无限光明。我现在所具备的一些品质，也是受家庭影响，从小培养起来的。从小，我的母亲就教育我要做一个善良大气的人。记得她每月都要从只有几十元的工资里拿出 10 块钱接济我们远在农村生活困难的伯父一家人，每逢过年过节，母亲还要加倍寄钱。伯父一家最期盼的就是邮递员送来的汇款单。有一年，马上过年了，伯父却生病卧床不起，一家人也正在为过年的费用发愁。一天，忽然听到邮递员通知取汇款单的声音，多日不能动弹的伯父竟然一下子坐了起来！看着亲人寄来的汇款单，伯父眼泪直流。这样的情形持续了好多年。母亲对左邻右舍、单位同事甚至陌生人，也是用一颗善良厚道的心和他们交往，所有和母亲相识的人，无不对她交口称赞。母亲的行为深深地影响着我，这也是我进入企业 40 多年来影响我最深的。

国营青岛花边厂创立于 1922 年,是一家以生产女士扎头绳起家的工厂,也是国内最早从事专业绳带产品研发的厂家,曾拥有纺织行业"江北第一家"的美誉。当时的青岛花边厂是国有企业,生产经营旺盛,工人的收入和福利也不错,是很多年轻人梦寐以求的理想单位。1987 年,我以名列前茅的成绩考入了青岛花边厂,正式开始了我在花边厂的人生历程。

当时我只是车间一名普通的织绳工。我从心底里喜欢这份工作,喜欢在不起眼的绳子上下苦心琢磨。我记得,当时我经常在冬天潮湿的车间里,躺在地上看工人维修机器,期待着以后维修机器时自己也懂一些。就这样,坚持了一天又一天,钻研了一天又一天,我不仅成为厂里的技术比武状元,还练就了一项"绝技"——随手拿来一根绳子,可以准确估量出绳子的克重、直径和原材料,与检测结果相差无几。凭着扎实的专业技能,我从一名普通的织绳子的车间工人一步步晋级为科长、副厂长。

一、蝶变

20 世纪 90 年代,随着行业竞争不断加剧,公司陷入订单萎缩、库存积压严重、入不敷出的困境。公司连续 5 个月发不出职工工资,职工医药费连续 8 年不能报销,集资款 10 年未偿还。记得当时公司人心涣散,身边有能力的职工纷纷辞职。

在 1998 年 4 月,我临危受命,出任公司总经理。为了节省成本和开支,我就带领工人们将公司搬到青岛水清沟一带。当时水清沟的环境并不是很理想,我只能带头清理堵塞严重、污渍满目的厕所。同年,我决心调整改革战略定位，关、停、并、转9个与主业无关的子公司，集中人力财力发展主业。公司通过各种渠道筹措资金，引进台湾广野电脑无梭织带机，实现产品更新换代，当年就扭亏为盈。随后，公司高薪聘请技师，攻克产品技术难关，产品逐渐打开市场。

有一次，公司为面包服做拉绳，一根拉绳价格为0.36元。全体员工加班加点完成100万元的订单，之后核算利润，去掉生产成本，去除材料涨价因素，公司亏损2万元。失败的经历让我认识到，公司必须转型才有前途。

2000年，青岛海丽花边织带有限公司注册商标"海丽雅"，迈出实施品牌战略第一步。转型初期，公司给一个做户外休闲运动用品的台湾客户做代工。经过近一年的时间，根据客户的来样，历经无数次试验，克服原材料选择、工艺技术难点等问题，研制出浮水绳等产品，并常年供货美国沃尔玛等大型超市，迈出产品升级的第一步。

2004年，海丽雅正式启动改制，在艰难解决了1 000多万元的实际负债后，由国有制企业改制成股份制企业。2014年7月，青岛海丽雅集团有限公司成立，下设青岛海丽花边织带有限公司、青岛亿和海丽安防科技有限公司、青岛华凯海洋科技有限公司、青岛海丽应急安全管理咨询有限公司4个子公司。

二、向高精尖进发

2000年，公司组建了技术研发中心，由我直接分管。我一直认为只有创新才能使企业更具有竞争力。借助企业自身的生产设备优势、研发实力，我带领研发人员通过科技创新，将攻关目标瞄准了技术含量高、附加值高的特色产品。技术研发中心致力于特种绳缆的深层次研发工作。每一种绳缆的研发都要充分考虑其使用环境、功能等因素，根据需要采取不同的工艺。海洋绳缆要具有耐腐蚀、拖拽能力强、延伸系数小等特点；工业绳缆要具有高强度、强拉力等特点；户外登山绳是生命之绳，更要具备高强力、轻重量的特点。根据不同行业的需求而采取不同的制作工艺。在一次次的艰苦实验中，一种种性能优越的特种绳缆相继诞生。

公司确立走科技创新之路的可持续发展战略后，不断加大研发资金投入。为激发员工勇于探索的创新精神，我拿出自己的奖金、讲课费，设立"董事长创新基金"。对于创新员工，公司不仅有物质奖励，还以发明人的姓名命名品牌。在短短几年内，公司研制开发大批特种缆绳，拥有专利产品 2 000 多项。

2007 年，国家提出"发展海洋产业"战略。海丽雅利用自身几十年绳缆生产经验与优势，紧紧抓住这一机遇，将触角伸向海洋特种绳缆。2009 年，在一次国内展会上，负责大洋科考的国家海洋局负责人注意到海丽雅生产的海洋绳缆后，我决定先免费提供几款产品给海洋局试用。当时，国内使用的高端绳缆基本采用进口产品，为科考船提供专用绳缆，这对海丽雅来说无疑是一个极大的挑战。正是这次机遇让海丽雅的转型真正找到对接口，此后一路振翅高飞。从此，公司与国家海洋局北海分局海洋装备保障中心结缘，开始了海洋特种绳缆的研发之路。

2009年7月，海丽雅为中国科考船"大洋一号"成功研发出配套的深海勘探高强力绳缆，帮助它下潜至3 000米，开创了国内先河。2011年，我带领团队成功助力"蛟龙"号载人潜水器下潜至5 188米。在这次海试中，海丽雅研发提供了3个关键系统需要的特性不同的绳缆。海域定位仪专用绳缆托力可达5吨，在150摄氏度高温下收缩率为0，在560 ℃高温下不分解、不熔化，在−196 ℃至204 ℃范围内可长期使用。海丽雅绳缆经受住考验，达到国际先进水平。2012年，海丽雅助力"蛟龙"号载人潜水器成功下潜至7 062米。为保障试航科研人员的安全，首先需要一条9 000米长的救生绳。它必须有韧劲、耐受力强，不能太粗重，便于在有限空间里存贮施放，关键时能提起22吨的载人潜水器。我和研发团队花费2个多月攻关"生命之绳"，反复进行压力、弹性、硬度等试验，最终交出一条108千克重的绳缆，重量不到"蛟龙"号载人潜水器的千分之五。

如今，海丽雅生产的海洋特种绳缆先后为"大洋一号""蛟龙"号、"雪龙"号、"科学"号进行产品配套和技术服务，参与国家多项重大科研项目，还配合"探索一号"万米深渊级科考国产海底地震仪布放回收，刷新了国产地震仪工作水深的新纪录。凭借技术积累和沉淀，海丽雅在专业特种绳缆以及相关装备研发方面的整体技术水平一直保持国内领先地位，创造出中国绳缆界4个第一：绳缆表皮与内芯移滑度为零的"中国精度"，在560 ℃下不分解不熔化的"中国温度"，强度是同直径钢缆2～5倍的"中国强度"，深入海下8 000米的"中国深度"。海丽雅因此成为"中国绳王"。

我深知,企业发展的核心是优秀的研发团队。为此,海丽雅集团绝不吝啬技术方面的投入力度,不仅签约了国内绳缆专业博士,而且与国际顶尖的绳缆研发中心TTI、清华大学、中国海洋大学、中国科学院等也达成战略合作。

目前,海丽雅正在研发一种将应用于太空环境、抗太空辐射、耐高温、质量轻、体积小的纤维绳缆。若研发成功,将打破传统钢缆的局限性,解决全球在这方面面临的技术难题,填补国内深空领域绳缆空白。"中国绳王"不是海丽雅的终极奋斗目标。响应"一带一路"倡议,让海丽雅找准了在国际市场上的新落脚点。我组织团队参加了俄罗斯国际国防与军警展、中国西部国际博览会等,将公司产品推广到俄罗斯、乌克兰等国家。不久前,海丽雅研发的应急类产品完成了横跨亚欧12个国家的品牌宣传。海丽雅将持续推进技术创新,将"青岛智造,服务全国"的特种绳缆推向世界行业领域的前端,打造绳缆行业新标准。

三、为民造福

有一次,我在美国底特律参加展览会,发现橱窗里展示着很多用海丽雅绳缆为原材料加工制作的民用产品,公司绳缆被代理商卖到"天价"。我第一次意识到公司产品原来可以这么高大上。我想,如果海丽雅能开发出更多的民用产品,不但能大大提高企业的经济效益,还可让中国制造造福百姓,让中国创造走向世界。

随着城市建设规模不断扩大和高层建筑日益增多,潜在的危险和各种安全事故相对增加。我敏锐地觉察到百姓对于家庭和公共安全与应急的需求日渐提升。2011年11月15日，某城市一高层公寓失火，而救援人员受设施限制，无法救助高层居民。这件事深深地触动了我，也坚定了我研发民用救生产品的决心。我带着技术人员到北京、上海，跟高校、科研院所相关部门交流。最终，海丽雅与清华大学联合研发出高层楼宇逃生缓降器，并推向市场。海丽雅把此前出口美国的车载应急箱、家庭应急包进一步完善，研发出家庭应急逃生、校园应急逃生的工具等产品。

顺着这条新路，海丽雅集团在民用安全领域越走越远。2015年3月，青岛海丽雅集团成为中国地震应急搜救中心下属中国国际救援队及国家地震紧急救援训练基地国内首家训练救援用绳供应商。海丽雅所属亿和海丽安防科技有限公司经民政部所属部门授权，建立国家级紧急救助员（青岛）培训站，截至目前已培训数百名国家紧急救助员。此外，海丽雅还联合25家企业、科研机构、院校，在青岛联合发起"青岛应急自救产业技术创新战略联盟"。

我也经常说："企业的'企'字，上面是'人'，下面是'止'，失去了人，事业也就停止了。"作为党员，我十分注重发挥党员的模范带头作用，经常对公司的党员说，要带头冲锋，永争先进。我认为我从国家手里接过海丽雅，就应把它还给社会。

在公益事业上，我们积极搭建了党建工作对外交流协作平台，带动企业自觉履行社会责任，热心投身社会公益事业。近年来，海丽雅与青岛市应急办等部门共同筹办了全市首家青少年应急自救实训基地；先后义务参加省市消防、应急等部门举办的全民消防安全宣传教育和演练活动 200 余次,免费提供安全应急演练产品;深入社区、企业、院校、养老院等组织开展安全应急知识公益讲座,受益群众达万余人;为困难家庭、养老院、偏远学校等免费发放应急自救产品累计 6 万余元。

2018 年是中国改革开放 40 年,也是我在企业工作的第 38 个年头。经过 38 年的拼搏努力,公司还清了所有的债务,由原来 2 400 平方米老旧厂房建起了 2 万多平方米的工业园,由一个公司发展成为拥有 6 个子公司的集团公司,年销售收入由原来的 284 万元提高到近亿元,职工月工资由原来的 370 元提高到人均 6 000 余元。

2020 年疫情暴发后,海丽雅作为岛城应急行业的领头企业,时刻关注疫情发展情况,组建海丽安心防疫应急队,参与全民疫情防控阻击战。

集团还为两项国家重大航天项目——"新一代载人航天飞船"和"天问一号"提供绳缆支持。在"新一代载人航天"项目中,为了实现其返回舱的垂挂转换功能,为气囊着陆缓冲创造条件,我们的研制团队夜以继日地研究琢磨绳缆的承受力以及技术参数,采用新型材料,研制了耐高温、耐磨损的高强度垂挂吊索,其强度达到以往所使用垂挂吊索的 4 倍,替代了钢缆并实现返回舱的垂挂转换,解决了美、俄难以攻关的技术难题,填补了国内航天领域的绳缆空白,为新一代载人飞船试验船返回舱顺利回收着陆提供了保障。

海丽雅很快就要 100 岁了。我们将继续发扬"国强 民安 海丽雅"的企业品牌精神,用自己的行动和足迹,为中国制造到中国创造添砖加瓦,在行业的前端发出中国声音、山东声音和青岛声音。

出自《青岛文史资料第二十五辑·下》

上青天——青岛纺织大事记 |

1872年   青岛市棘洪滩有百台木制机的纺织作坊。

1897年   《海云堂随记》记载当时青岛有染坊六家。

1901年   德国在其首都柏林成立德中蚕丝工业公司,拟在青设立大型蒸气缫丝厂。

1902年   德国在青岛沧口开辟荒地设立占地23.3万平方米(350余亩)的德华缫丝厂,产品输往欧洲。

         洋务派代表人物周馥出任山东巡抚;设立山东工艺局,下设农桑总会鼓励农民养蚕、植棉;辟地500亩,设立农事实验场。

         德华缫丝厂采用大型蒸汽缫丝,最初使用胶东柞蚕,实验失败;后用满洲柞蚕始获成功。

1903年   德华缫丝厂推行"蚕种改良计划",自意大利、法国引进优良品种,廉价售于胶济沿线农家饲养,工厂定期派人到农户收购。

1905年   6月10日,青岛德华缫丝厂发行新股票,向社会募集资金,每股500马克,发行量逾3 000股,扩大生产规模。

1907 年　　　德华缫丝厂培训出 1 700 余名技术工人,生产出优质新品种,产品远销欧洲,销售价格比烟台地区出产的最佳蚕丝高出 40%。

德华银行在青岛发行纸币,票面分 1、5、10、50 元四种,青岛德华缫丝厂工人工资改用德币;因面值较高,不便流通;后加发伍分、壹角硬币,始获普及。

1909 年　　　据胶海关统计:在青岛口岸 10 大类出口商品中,柞丝绸和丝分居出口额第 2 位和第 3 位,丝绸商品出口共 522.45 海关两,占当年出口总量的 20%。

1910 年　　　青岛港出口原棉 1.5 万担。

1911 年　　　青岛港和胶济铁路出口棉花超过 4 万担。

1912 年　　　德国亲王威廉·海因里希访问青岛,来沧口巡视德华缫丝厂,决定出售该厂资产,抽回投资。

1913 年　　　华新实业公司用 30 万元收购了德华缫丝厂,筹办华新纱厂。后因第一次世界大战爆发,建厂事宜暂告中止。

1914 年　　　11 月 11 日,日英联军进攻青岛,驻青德军投降。英军占据德华缫丝厂旧址(华新纱厂),用于存放物资。

1915 年　　　10 月,日商内外棉纺绩株式会社与青岛军政署签订合同,在四方机厂西北租地 23 600 坪(每坪 3.3 平方米)。

1916 年　　　2 月,日本在四方村圈地建立内外棉股份公司青岛分公司(青岛国棉二厂前身)。

10月,英法两国在华设立"赴欧华工招募所",第一次世界大战期间共招收中国劳工14万人。其中英商和记洋行在华新纱厂设立的青岛华工招募所是"协约国"在华最大的招工机构。2年间先后招募胶济沿线华工10万余人,占招工总数的70%以上,合同三年。

1917年　　3月,日本在青岛辽宁路建铃木丝厂(现青岛印染厂和青岛丝织厂前身)。

12月,日商内外棉青岛第六工厂(青岛国棉二厂前身)建成投产,有纱锭27 200枚,线锭11 200枚。

1918年　　中国民族资本家周学熙续建华新厂,增购14 688枚美国纱锭。

1919年　　4月,大日本纺绩株式会社(THE JAPAN COTTON SPINNING CO;LTD)社长菊池恭三到青岛考察建造大康纱厂(现青岛国棉一厂)。选定四方西段为厂址。9月填海造地动工建厂,1921年10月开工生产,初期运转纱锭20 000枚。

周学熙集资120万元,建立华新纺织股份有限公司青岛工厂。

向上海兴美公司订购美国怀丁式纺纱机14 688锭(价值53.1万美元)年底投产。

1920年　　3月,日商国光纺绩株式会社投资538万元,在沧口征地建厂,占地面积56 151坪,1923年5月竣工投产。有日本员工45名,中国工人1 900名。注册商标"宝来",俗称宝来纱厂。

华新纱厂向上海兴美公司加购美国怀丁式纺纱机 4 500 枚，价值 14.8 万美元。

华新纱厂设立华新医院、华新学校；供厂内职工就医和补习文化之用。

青岛商会会长隋世卿创办华昌铁厂（青岛纺织机械厂前身）。

1921 年　　3 月，日商钟渊纺绩株式会社在沧口建立钟渊纱厂（青岛国棉六厂前身）；1923 年 4 月正式投产。设纱锭 55 768 枚，布机 865 台。

9 月，华新纱厂增资 150 万元扩建厂房，向上海华昌贸易公司加购美国文素式纺纱机 11 968 锭，价值 295 203 美元。

10 月 6 日，日商富士瓦斯株式会社在沧口建立富士纱厂（青岛第二毛纺厂前身）。1923 年 3 月竣工投产。计有纱锭 31 360 枚，线锭 1 600 枚；锅炉 4 座，自行发电。

同月，日商日清纺绩株式会社在青岛设立工厂，又名隆兴纱厂。

1922 年　　富士纱厂（国棉七棉前身）投产，初期有纱锭 31 360 枚，合股机 1 600 锭。

华新新建第二纱厂，有纱锭 12 000 枚，纺 16 支纱。

郝汉生创办青岛协成花边厂。

日商钟渊纱厂为加强技术力量，在招收普通工人的同时，又在青岛李村公学堂等处招收了 200 名高小以上文化程度的青年学生作为练习生,分批送往日本神户、大阪学习。培训时间3～6个月。俗称"东洋"练习生。

至年末日商在青岛投资开办纱厂已达六家,资本总额2.5亿日元,占日本在青岛投资总额的62%。

1923年　隆兴纱厂(棉纺三厂前身)正式投入生产。

钟渊纱厂工人王星五、吕崇修组织工人举行罢工,要求增加工资,遭到日人毒打。吕崇修被打致死。

钟渊纱厂附设缫丝房,并设蚕丝研究所。

1924年　9月,钟渊纱厂织布场"东洋"练习生闫学春等为抗议厂方扣减工价、借故开除工人,领导工人罢工,组织工人向警察署请愿。

日商大康纱厂新建第三工场,专营织布。

1925年　2月,中共青岛党组织委托四方机厂工人领袖郭恒祥和工会积极分子,分头深入到大康、内外棉、隆兴等日商纱厂,创办工人夜校,培训工运骨干,发动工人同日本纱厂侵权行为作斗争。

4月19日,日大康纱厂4 000余名工人罢工,后各厂响应,罢工人数达18 000余人。

5月9日,青岛日商纱厂主与罢工工人代表签订九项复工条件,日商纱厂人第一次同盟大罢工取得胜利。

5月29日凌晨,温树德调动陆军、保安队、海军陆战队共

3 000 余人，包围大康、内外棉、隆兴 3 个纱厂及工人宿舍。查封各厂工会，强令工人全部离厂。当遭到拒绝时即行开枪，造成 8 名工人死亡，重伤 17 人，轻伤多人，被捕 75 人，被押回原籍者 3 000 余人。这就是震惊全国的"青岛惨案"。

《胶澳志》记载，青岛云南路开办了长兴祥布厂。

青岛日商纺织同业会设立。该会为日商各纺织厂所组织，以调整业务及互助互济为主旨。

1926 年　2 月，陈之翰在青岛曹县路 10 号建起翰成染织厂，有工人 60 名，织机 20 台，染缸 12 个；月织布 1 800 匹，染布 13 000 匹。产品销售本市、胶济铁路沿线及沿海各地。

3 月，共青团内外棉、大康、隆兴、钟渊、宝来、华新纱厂支部成立。

全市抵制日货运动进入高潮。民族纺织工业得到发展和壮大，全市私营纺织业户增至 210 余家。

1927 年　华新纺织股份有限公司青岛工厂增加合股机 10 台，并筒机 5 部，精梳机 6 部，并卷机 1 部，纺 42 支和 60 支各种细纱，设备价值 116 900 元。

1928 年　4 月，日商在青岛台东镇东山路 42 号（青岛针织一厂宿舍）开办大信针织厂。

陈永昌筹建的顺德祥染织厂开业。

日本资本在北京、天津、青岛三地投资总额为 18 278.4 万日

元,其中青岛达 13 964.3 万日元,占总额的 76.4%。

1929 年　8 月 4 日,为反对日本纱厂无理歇业,大康、内外棉、隆兴、钟渊、宝来、富士六大纱厂工人举行游行请愿,青岛纱厂工人反帝同盟罢工形成。

11 月 7 日,第五次全国劳动大会在上海秘密召开,青岛钟渊纱厂工人孙守诚作为山东代表出席大会。

11 月 27 日,青岛日商纱厂在经历四个月的工潮遭受严重损失之后,通过外交部要求南京政府出面干涉;青岛市市长马福祥出面调解,青岛各大纱厂完全复工。"民国十八年大罢工"宣告结束。

华昌铁工厂改名为利生铁工厂。次年迁址到广西路 55 号。

1930 年　10 月,内外棉纺绩株式会社青岛第六、第十、第十一工场改称青岛第一、二、三工场。

12 月 31 日,中共青岛市委组织成立了大康、内外棉、隆兴、钟渊、宝来、富士、华新七大纱厂工人联合会。

高见斋从日本购进旧铁架织布机 30 台,染槽一对建成北洋染织厂。

1931 年　2 月,颜世彬任中共青岛市委书记。他是 1917 年从青岛赴法国的一战华工之一,在法国加入中国共产党,并被推荐赴莫斯科东方劳动者大学学习。同月,重返故地,领导青岛华新纱厂、钟渊纱厂工人进行维权罢工。4 月因叛徒出卖被捕入狱,8 月 19 日在济南遭枪杀。

12 月 3 日,华新纺织股份有限公司撤销总公司,天津、青岛、唐山、卫辉 4 个厂各自独立。自此,华新纺织股份有限公司青岛工厂改称青岛华新纺织股份有限公司。

青岛纺织品生产总值占全市工业总产值的 49.4%。

1932 年　　1 月,青岛华新纺织有限公司开始换发新股票。

4 月,中共山东省委组织部部长汤美享到青岛巡视,先后参加了大康纱厂、富士纱厂、铃木丝厂等支部会议,主持研究了工运和反帝斗争等问题。

日商富士纱厂增设织布工场,设丰田式织布机 70 台,"狄更生"式织布机 410 台。

1933 年　　华新纱厂购英国布机 200 台、日本自动布机 170 台,建布厂。

青岛工商学会成立,理事长周志俊,名誉理事沈鸿烈(时任市长)。

政府在沧口乡间拨地 470 亩设立植棉试验场,改良棉业。

青岛华新纱厂周志俊启程环球考察,历时 8 个月,先后访问了日、美、英、法、德、意等 10 余国。

9 月,青岛华新纱厂生产的 32 支细纱,42 支、60 支及 80 支股线 4 个品种货样,运赴美国参加芝加哥百年进步博览会。

青岛恒昌帽庄将商业资本转为工业资本,建成光华织布厂。

1934 年　　3 月,日商上海纺绩株式会社青岛分工厂(青岛国棉五厂前

身)破土动工,次年5月1日投产。该厂占地353 600平方米,
装自动细纱机40 448锭、布机720台,自备电厂4 800千瓦。

日本人三田省三领租公地11 900坪(39 339平方米),在四
沧区大水清沟动工筹建丰田纱厂青岛工场(青岛国棉四厂前
身)。次年5月竣工投产。设纱锭35 640枚;布机540台。
职工1 554名,其中日本人154名。

10月,陈孟元来青岛调查筹建染厂。在海泊河沿岸征地
24 010平方米(现沈阳路27号)从沈阳太阳烟草公司调资20
万元开始建厂,定名阳本染印厂(现青岛第三印染厂)。次年
从日本购进整套印染设备,1936年6月正式投产。

1935年　1月1日,青一丝棉染织厂创建(青岛染织一厂前身)。

5月1日,周志俊改进棉业,与山东建设厅推出成熟早、纤维
长的新棉种。全省建棉业运销合作社350多处。

5月,铃木丝厂内的酒精厂更名为日华兴业酒精株式会社,设
备迁往张店周村,改建为瑞丰染厂。

7月18日,日商同兴纺绩株式会社在沧口设立同兴纱厂(青
岛国棉八厂前身),1936年10月3日竣工投产。

青岛华新纱厂增设染厂。至此青岛华新纱厂已成为纺—织—
染三位一体的联合企业,从原棉采购到花色布销售均系独家
经营。

1936年　8月,天津华新纱厂以120万元的价格,售于日本钟渊纺绩株

式会社,更名(钟渊)公大第七厂。

11月19日,青岛日商纱厂工人在上海纱厂工人反日大罢工的影响下,结成了青岛纱厂工人反日大罢工同盟。

12月3日,在青岛日商纱厂工人坚持罢工期间,日本军方调军舰九艘,海军陆战队1 000余人在青岛登陆镇压罢工工人。

青岛华新纱厂制成190号阴丹士林布,取名爱国兰。

青岛生产的纱支比重为:10支以上36.25%,20支以上26.01%,30支以上30.61%,40支以上7.31%。

1937年	3月,丰田纺绩株式会社青岛工厂建设第二工厂。8月竣工,纺锭增为46 892枚,布机扩为692台,增线锭10 800枚。

"七七事变"前,青岛有民族纺织企业208家,其中染线业137家、麻丝织业16家、地毯轧棉业27家、针织业28家。纱锭710 568枚,织机12 867台。

7月,"七七事变",日本发动全面侵华战争。

9月,青岛日本纱厂全部关闭。

12月13日,青岛华新纱厂周志俊与美商中华平安公司订约,将纱厂以170万元售出,另立密约,5年后可原价赎回。

12月,青岛华新纱厂拆15 000纱锭、200台布机及大宗印染设备运往重庆,行至上海,长江口及陆运交通被日寇控制,华新内迁受阻。

12月18日,国民党青岛市当局下令,炸毁9个纱厂及部分港口设施。

12月,周志俊在上海购买公共租界莫干山路地基,筹建信和纱厂(上海第十二毛纺厂前身)。

1938年　1月10日,日寇二次占领青岛。重建被炸纱厂大康、内外棉、隆兴、丰田、上海、公大、富士、同兴(宝来纱厂未恢复)。重建后的规模是:细纱390 500锭,粗纱32 000锭,布机7 100台。

美商中华平安公司将华新厂售予日本国光纺织株式会社。

12月,韩国人赵尚玉、赵东渊等6人集资合股8万在大港路4号筹建大德兴与亚株式会社(青岛第二针织厂前身)。1941年开工,有电动袜机122台、辅助设备31台。

1940年　4月,瑞丰染厂投资500万建绢纺工厂,1941年建成,有绸机200台(青岛丝织厂前身),原布工场部分设备并入登州路五福织布厂。

冬,大康纱厂工人罢工,日寇逮捕36名工人,其中29名"押往济南",下落不明。

11月,日本人投资500元联银券创办曾我木工厂(青岛丰衣纺织器材厂前身的一部分),厂址在蒙古路27号丰田式铁工厂内,后移四流南路216号,有设备24台,年产木管3万支。

1941年　6月,国光纺绩株式会社将华新厂转售宝来纱厂(原宝来纱厂毁于1937年战火)更名仓敷纺绩株式会社,简称仓敷纱厂。

12月,东泰盛制线厂在青岛市太平镇11号建成,生产棉纱和生丝合股线。

瑞丰染厂在青岛、天津、济南等地成为华北民用色布的主要
供应厂家。

日本人在青岛大沙路 1 号创办华北木梭厂,设备 20 台,月产
木梭 3 000 个。

1942 年　　10 月,隆兴纱厂 400 名女工抗议日寇搜检女工身体的野蛮行
径而罢工 2 天,少产棉布 8.8 万米。

青岛市染织同业工会成立。

1944 年　　日寇国内缺生铁,觊觎青岛纱厂生铁,共拆除 5 万纱锭运往
日本。

7 月 22 日,瑞丰染厂木工房内存放的硫黄、亚硝酸、烧碱等燃
烧爆炸,死 1 人,伤多人。

1945 年　　8 月 15 日,日寇投降,抗战胜利。

12 月 4 日,国民党成立中国纺织建设公司(中纺公司)在重庆
召开第一次董事会议,经济部长翁文灏任首届董事长,束云
章为总经理,李升伯为理事,吴味经为副总经理。

1946 年　　1 月 2 日,中纺公司迁上海,同时设立青岛、天津、沈阳 3 个分
公司。

1 月 13 日,中纺青岛分公司经理范澄川在重庆集 70 余人飞
抵青岛荏平路 1 号,组建中纺青岛分公司。

1 月 25 日,中纺青岛分公司开始接收大康、内外棉、隆兴、丰

田、上海、公大、宝来、富士、同兴等 9 个纺织厂。接管后按顺序改名为中纺第一至第九棉纺织厂。

11 月,公司购买和接受了 22 个单位,承购 4 个单位。生产规模为:纱锭 443 504 枚,线锭 58 848 枚,布机 9 748 台。

1948 年　　3 月,第一批坯布出口澳大利亚。

9 月 24 日济南解放后,国民党当局下令青岛一些工厂作好南迁准备,并计划炸掉港口码头、发电厂、水源地和中纺青岛分公司所属工厂等。青岛的地下党根据上级指示,在中纺青岛分公司积极组织开展反南迁和护厂斗争。

1949 年　　5 月,《青岛中纺各厂设备之特点》和《绘印图册概述》出版,成为中国纺织界最早研究技术的参考书。

6 月 2 日,青岛解放,中国人民解放军青岛市军事管制委员会接管中纺青岛分公司及各纱厂。

1950 年　　4 月,青岛第一家机械麻纺织企业远东麻袋公司创办。1954年更名为国营青岛麻纺织厂。

1951 年　　1 月,中纺青岛分公司改称华东纺织管理局青岛分局。

6 月,中华全国纺织工会正式命名了全国闻名的"郝建秀工作法"。

9 月,毛主席接见青岛纺织的杰出工人代表郝建秀。

10 月,纺织工会全国委员会和纺织工业部在天津联合召开了"五一织布工作法会议"。

| 1952 年 | 4 月,应苏联政府的邀请,郝建秀作为中华全国总工会代表团成员赴莫斯科参加了五一节观礼活动,并见到了斯大林。 |

1953 年　2 月,华东纺织管理局青岛分公司改为纺织工业部青岛管理局。

9 月,公私合营青岛华新纱厂委员会成立,10 月 1 日华新纱厂正式公私合营。

1958 年　青岛印染业再次组合,形成了 4 个染厂和 1 个染线厂,即青岛印染业公私合营厂家有第一染厂(原中华染厂易名)、第二染厂(原翰成染厂易名)、明新染厂、利兴染厂和染线厂(青岛印染科学研究所前身)。

1960 年　青岛纺织原料严重不足,企业开始试验利用野生纤维纺纱织布。7 月,青岛化纤厂成立,填补了青岛的一项空白。

1961 年　青岛针织业再次合并,最终形成针一、针二、制棉、轴线、花边、毛巾 6 个厂。

1966 年　6 月,华新纱厂正式改为国营,定名为国营青岛第九棉纺织染厂。

1970 年　2 月,青岛市纺织工业局革命委员会成立。

1972 年　11 月,青岛市纺织工业局接受援助赞比亚穆隆古希纺织印染厂的建设任务。

1981 年　青岛纺织品联合进出口公司(简称"青纺联")经国务院批准成立,是作为外贸体制改革试点单位的、全国第一家工贸结

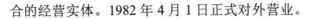

合的经营实体。1982 年 4 月 1 日正式对外营业。

1984 年　　8 月,青岛市纺织工业总公司成立。

1993 年　　12 月,青岛市中级人民法院依法裁定青岛毛纺织厂破产。这
　　　　　　是新中国成立以来青岛市首起国有企业破产案。

1995 年　　3 月,青岛市纺织工业总公司改名为青岛市纺织总公司。

　　　　　　7 月,与日本伊藤忠株式会社、近藤纺合资成立了棉纺、针织、
　　　　　　印染、服装一条龙企业。

1998 年　　3 月,青岛国棉五厂率先砸掉 14 台细纱机 5 376 枚纱锭,为全
　　　　　　市纺织业压锭拉开序幕。

1999 年　　2 月,青岛市纺织行业 1999 年压锭第一战役会议在胶州市举
　　　　　　行。

2000 年　　11 月,被列入青岛十大工业园的青岛纺织工业园开工建设。

2001 年　　12 月,染纱及针松织物深加工项目、高档床上用品生产线项
　　　　　　目等相继投入生产运行。

2002 年　　3 月,赞中合资穆隆古希纺织有限公司被国际世界质量组织
　　　　　　(WQC)授予"WQC 国际之星金质奖巴黎 2002"奖项,这是
　　　　　　继穆纺公司获得 2001 年度"国际非洲金奖"后,再次获得的
　　　　　　殊荣。

　　　　　　11 月,青岛纺联控股集团有限公司成立(前身是"青岛新纺
　　　　　　织集团有限公司")。

2003 年　　5 月,青岛纺织染整工业园在胶州市市区东部奠基。

2005 年	6 月,青岛纺织总公司与香港集嘉国际(集团)有限公司就共同参与纺织企业重组改造建立战略合作伙伴关系签订意向书。

2005 年　　6 月,青岛纺织总公司与香港集嘉国际(集团)有限公司就共同参与纺织企业重组改造建立战略合作伙伴关系签订意向书。

12 月,青岛纺联集团五棉有限公司破产,拉开了棉纺企业调整重组序幕。

2006 年　　5 月,青岛纺织面料产业基地暨青岛纺联银龙纺织有限公司奠基仪式在胶州举行。

2007 年　　6 月,根据青岛市国企改革领导小组关于加快青岛棉纺企业调整重组意见,青岛纺联集团一棉有限公司实施整体搬迁。

青岛纺织面料产业基地(胶州)一期项目——青岛纺联银龙纺织有限公司开工投产。

2008 年　　11 月,根据青岛市委、市政府"环湾保护,拥湾发展"的战略决策要求和青岛纺织调整重组发展方案,青岛纺联集团八棉有限公司实施搬迁调整。

2009 年　　6 月,青纺联控股集团棉纺企业关停淘汰 224 台落后的有梭织机,青岛纺织进入"无梭化"时代。

9 月,根据青岛市委、市政府关于青岛火车北站及多功能商贸区配套建设的整体规划,青岛纺联集团六棉有限公司厂区及周边宿舍实施整体搬迁。

青纺联控股集团被授予"国家多组分差别化纱线坯布开发基地"称号。

青岛纺织博物馆开馆,全国政协原副主席郝建秀为该馆提

名。

2010年　4月,青纺联控股集团与奥地利兰精纤维(上海)公司实施战

略合作,研发生态纺织品。

青纺联台儿庄产业基地举行奠基仪式。

2011年　3月,青纺联"中国多组分纱布精品基地"举行授牌仪式。

9月,按照"一体化"发展战略,青岛纺织总公司原主营业务

全部退出,青纺联控股集团全面实施"一体化"经营。

2012年　4月,青纺联台儿庄纺织产业园5万锭项目全面投入试生产。

6月,青纺联隆重举行"郝建秀小组"建组60周年纪念活动。

全国政协原副主席郝建秀出席会议。

青岛市政府办公厅印发政务专报《关于借鉴"橡胶谷"发展

模式,加快筹划"纺织谷"建设的建议》。

2013年　5月9日,青岛华捷康纺织服装有限公司在胶州湾工业园成

立,注册资本500万元,主要产品为梭织纺织品、服装等。

7月,即墨市被评为"国家级出口纺织服装质量安全示范

区"。

中国品牌研究院公布《中国最有价值商标500强》排行榜,

青岛"即发"商标排名第150位,商标价值16.41亿元;"红

领"商标排名第378位,商标价值8.83亿元。

据WTO统计,2013年度世界各国纺织服装出口总额为

7 661亿美元,其中中国占2 840亿美元,占全球出口比重的 37.07%。

2014年　5月,青纺联(枣庄)纤维科技有限公司一期工程"11万纱锭多组分差别化纺纱项目"正式投产。该项目占地280亩,建筑面积10万平方米,投资6.2亿元,其中设备投资约2.4亿元。

9月12日,青岛国际服装产业城首期285亩示范园区开园,该园区按照总部式设计,兼具生产、展示、办公、研发、形象宣传等多重功能。

12月4日,青岛纺织的全新发展平台——纺织谷开园。

2015年　4月27日,青岛、济南、郑州、太原、西安、兰州、西宁、乌鲁木齐、拉萨等10个海关关长在青岛签署合作协议,丝绸之路经济带海关区域通关一体化改革启动试运行。

7月,山东纺博会正式成为"国际展览联盟"(UFI)会员,是山东省第一例通过认证的展会。

10月15日,第四届中国国际非织造会议在上海召开,青岛纺织机械股份有限公司荣获2014—2015年度中国非织造布优秀供应商称号。

2016年　9月9日,青岛即发集团与越南福盛建设有限公司签署合资建设高档面料生产项目意向书。该项目总投资1亿美元,占地面积87万平方米,主要从事针织布、梭织布和无纺布及染色、印花、服装和销售等业务,年生产 12 万吨高档面料。

2017 年　　　6 月 29 日,第九届青岛国际纺织品印花工业展览会召开,展会主题为"智能、时尚、交流、高效"。

8 月 24 日,中国工商联发布"2017 年中国民营企业 500 强榜单",新华锦集团排名第 317 位。

9 月 15 日,2017 中国(青岛)国际时装周在奥帆基地大剧院广场开幕;中国纺织工业联合会、山东省服装行业协会以及青岛市各界人士 300 余人出席活动。

9 月 29 日,青岛纺织博物馆(新馆)开馆,新馆依托位于市北区四流南路 80 号,依托原青岛国棉五厂老厂房建设,具有"遗址、动线、体验和产业融合"四大特点。

9 月,青岛纺织博物馆被纺织总会授予"中国纺织上青天文化传播基地"称号。

纺织谷被工信部评定为"中国纺织服装设计创意试点园区"。

青岛凤凰东翔印染有限公司跻身中国纺织品出口百强企业,2017 年度出口额 13 305 万美元,名列第 47 位。

青岛即发集团进出口总额超过 8 亿美元,入围《2017 年中国对外贸易 500 强企业》排名第 398 位。

2018 年　　　1 月,2018 年全国纺织产业集群工作会议召开,青岛即墨区荣获"2017—2018 年度中国纺织行业创新示范集群"奖项。

6 月,即发集团为"2018 上海合作组织青岛峰会"志愿者设计制作服装,设计理念是"炫动青岛",采用灵动的海浪线条为主元素,突出青岛的海洋主题,通过颜色与层次的渐变融合表达与成员国的团结协作。

8月16日—18日,2018国际纺织纱线贸易峰会暨"一带一路"精品纱线展洽会在青岛召开,会议由中国纺织品进出口商会主办,邀请了全球主要纱线出口国、行业组织、外商企业代表和国内知名企业参加。

11月3日,《青岛宏大》报被中国行业报委员会授予"中国纺织服装企业报引领者"荣誉称号。

11月,纺织谷申报的"原青岛国棉五厂"十大核心物项被工信部认定为第二批"国家工业遗产"。

2019年　　截至2019年底,青岛拥有中国名牌6个、中国驰名商标11件、山东省名牌52个、青岛市名牌62个,国家认定企业技术中心6个、省级5个、市级22个。有15家企业被工业和信息化部和中国纺织工业联合会确定为重点跟踪培育服装、家纺自主品牌企业。

东方时尚中心被工业和信息化部评定为第一、二批纺织服装创意设计试点示范园区。

青岛宏大纺织机械有限责任公司远程运维云平台入选中国纺织工业联合会"2019年度纺织行业工业互联网平台试点项目",获中国恒天集团信息化项目一等奖。络筒机厂单锭

班获评"全国工人先锋号"。

2020年　18家企业被工业和信息化部与中国纺织工业联合会确定为重点跟踪培育服装、家纺自主品牌企业。即发集团有限公司、青岛酷特智能股份有限公司等企业列入工业和信息化部制造业单项冠军示范企业。青岛前丰帽艺被工业和信息化部评为第四批制造业单项冠军企业（产品）。

青岛酷特智能股份有限公司主板上市，在国内率先创建智能个性化规模定制模式。

2021年　在工业和信息化部与中国纺织工业联合会共同发布的"重点跟踪培育纺织服装品牌企业名单"中，青岛雪达集团有限公司入选终端消费品牌企业，即发集团入选加工制造品牌企业重点跟踪培育对象。

即发集团聚酯纤维筒子纱超临界二氧化碳无水染色技术获山东省科学技术奖一等奖，恒尼智造（青岛）科技有限公司海藻纤维功能性内衣获山东省技术发明奖一等奖，青岛莫特斯家居用品有限公司3D多色家纺获山东省科学技术奖三等奖，青岛凤凰东翔印染有限公司入选2021年国家印染企业规范公告名单。

12月9日—11日，第二十一届国际（青岛）时装周在青岛东方时尚中心等8个会场举行。

2022年　青岛围绕《青岛市纺织服装产业链高质量发展三年行动方

案（2022—2024）》，成立产业链工作专班。

"即发集团""众地家纺"获评 2022 年工业和信息化部跟踪培育自主品牌，"即墨针织"获评 2022 年工业和信息化部跟踪培育区域品牌，"本依凡"等 5 个品牌获评中国服装成长型品牌。

青岛市新建成纺织服装产业互联网平台 1 个、数字化车间 2 个、自动化生产线 2 条，规模以上纺织服装企业关键工序数控化率达到 54.6%，高于全国 0.2 个百分点。

主要参考资料：

青岛市纺织工业总公司史志办公室. 青岛纺织史［M］. 青岛：青岛市新闻出版局，1994.

青岛市史志办公室. 青岛市志•纺织工业志［M］. 北京：新华出版社，1999.

孙玉敏. 青岛纺织业深度调查［J］. 招商周刊，2005（27）：18-25.

青岛市政协文化文史和学习委员会. 青岛文史资料第十三辑［M］. 北京：中国文史出版社，2005.

青岛市政协文化文史和学习委员会. 青岛文史资料第十五辑［M］. 青岛：中国海洋大学出版社，2006.

青岛市政协文化文史和学习委员会. 青岛文史资料第十七辑［M］. 青岛：青岛出版社，2008.

张雯雯,曲金良. 中国纺织工业"上青天"早期青岛华新纱厂的崛起[J]. 山东纺织经济,2009(3):99-101.

青岛纺织的"老三篇"和"新三篇"[J]. 纺织服装周刊,2010(29):23.

中国人民政治协商会议青岛市四方区委员会. 四方情愫:纺织[M]. 青岛:青岛出版社,2011.

青岛市政协文化文史和学习委员会. 青岛抗战回忆——纪念抗日战争胜利70周年史料选编(青岛文史资料第二十二辑)[M]. 青岛:青岛出版社,2015.

宋鑫陶. 青岛纺织的创伤与抗争[J]. 商周刊,2015(19):40-41.

王立永. 青岛纺织的"三线"建设[J]. 东方企业文化,2016(8):48.

百年青岛百年纺织——青岛纺织百年发展概述[J]. 东方企业文化,2016(8):41-44.

青岛市政协文化文史和学习委员会. 青岛文史资料第二十四辑[M]. 青岛:青岛出版社,2021.

青岛市政协文化文史和学习委员会. 辉煌百年——青岛文史资料第二十五辑[M]. 青岛:青岛出版社,2021.

秦桂明,徐静,张肖,等. 地域文脉背景下青岛纺织工业遗产的保护与再利用[C]// 中冶建筑研究总院有限公司. 2022年工业建筑学术交流会论文集(上册). 烟台市建筑设计股份有限公司;烟台大学;山东省核工业二七三地质大队,2022:3. DOI:10.26914/c.cnkihy.2022.015706.

路宁,杨瀚霆.青岛纺织工业遗产的时空演变与整体特征分析[J].青岛理工大学学报,2023,44(4):119-126,135.

还有青岛纺织博物馆编印的《青岛纺织史话(2019)》《青岛纺织史稿(2015)》以及2016年至2023年《青岛年鉴》的重要史料支持。

青岛纺织生活老照片 |

衷心感谢原国棉三厂职工毛阿姨对本书的大力支持,提供珍贵影像。

国棉三厂大门

观摩学习全国劳模王金兰的操作表演

20 世纪 70 年代气流纺车间女工风采（左）细纱车间的女工互相学习交流（右）

纺织女工在车间

开班组生产会

后纺车间

技术人员在取样检验棉花质量

瑞士技术人员来厂调试"结经机"

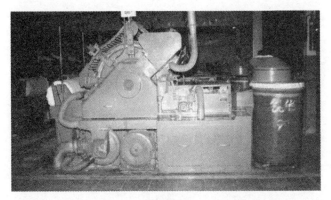

前纺车间

生产车间的棉花

解放思想转变观念论文学习

国棉三厂女职工优秀论文发布会

筹备元宵灯会

20世纪80年代国庆游艺场

青岛纺织系统1972年排球联赛纪念

青岛纺织系统一九八二年"三八"红旗集体

迎春茶话会

20世纪纺织女工风采

职工拔河比赛

职工周末舞会

中层以上干部欢迎职工新春开工

欢迎职工新春开工

丰富多彩的职工活动

后记·

　　青岛的纺织历史，见证了无数个日夜的奋斗与拼搏。那些在纺织厂度过一生的工人们，用他们的双手和汗水，奠定了青岛乃至国家工业化的坚实基础。随着时代的推进，这些曾经忙碌的纺织厂逐渐退出了历史的舞台，然而，工人们那一段段充满热血与梦想的记忆，永远镌刻在这座城市的历史长河中。

　　他们不仅是纺织行业的开创者和建设者，更是青岛城市发展的亲历者和见证者。每一座厂房的轰鸣声，每一条织机的旋转，都承载着一个时代的记忆与情感。通过他们的故事，我们看到了中国近现代工业的崛起，也感受到了那份无畏的奋斗精神。正是他们的辛勤劳动和无私奉献，才有了青岛纺织业的辉煌与成就。

　　文史资料的编纂是政协工作的重要组成部分。文史资料是人民政协工作中的一个专用概念，特指政协委员及其所联系的各方面人士对重要历史事件和历史人物的记述，是历史当事人、见证人和知情人"亲历、亲见、亲闻"的第一手资料。人民政协征集、整理、研究、出版、保存利用文史资料的全部过程，就是文史资料工作。青岛纺织的历史，映射了中国近代工业化进程中的无数缩影，在此之前，青岛市政协陆续出过一些书籍，整理、编纂、记录过一些纺织历史，在此基础上，进一步广泛收集资料，进行系统梳理与编纂，并以正式出版物的形式出版发行，以此纪念青岛的母亲工业。《上青天——青岛纺织口述史》不仅仅是对历史的回顾，它承载的是一种文化的传承，也是一种精神的延续。通过记录这些鲜活的故事，我们不仅是在保存历史，更是在传递一种不畏艰难、奋发向前的精神。这本书的完成，是对青岛纺织行业、对这座城市的一次深情告白，它将继续影响着青岛的未来发展，成为未来世代了解这座城市、了解这段历史的珍贵财富。

在此，首先要感谢各位回忆者！他们多数年事已高，或者早已离开了曾经奋斗过的纺织行业。但是得知采访需求后，热情并且积极配合，有的准备提纲，有的口述给子女，有的身体力行带领我们实地参观考察，有的拿出老物件为大家认真讲解，有的无私分享出自己保留的老照片……无论他们离开纺织业多久，一提起青岛纺织，依然是满怀自豪与感动，展现着老一辈纺织人的优越品质与性格。

需要说明的是，记忆永远不可能是历史原貌的全部复原。口述是基于个人记忆的叙述，由于受情感、价值观和所处岗位等诸多因素的影响，往往存在不准确或理解等方面的差异，同时随着时间的推移，记忆逐渐模糊，也使得口述在一些细节上可能存在与实际情况有出入等情况。我们期待广大读者理解并提出意见建议，共同推动青岛纺织发展历史的研究。

在编撰本书的过程中,研究会专门成立了编委会,刘芳、冯昊、翟翔负责选编等工作。感谢文史工作者们的辛勤付出,感谢各单位的鼎力支持,这些都为本书的顺利出版提供了保障。再次感谢参与访谈的纺织从业者及其亲属的无私帮助,正是大家的共同努力,让这段历史得以保存并传承,也让我们有幸与这段岁月跨时空相遇。

感谢有你们,感谢这座城市,也感谢这段永不褪色的历史。

编委会

2024 年 12 月